阅读成就梦想……

Read to Achieve

Book Yourself Solid

ILLUSTRATED

[美] 迈克尔·波特（Michael Port）

乔斯琳·华莱士（Jocelyn Wallace） ◎ 著

刘 锐 ◎ 译

自媒体时代，我们该如何做营销

中国人民大学出版社
·北京·

序言　终于，我自由了

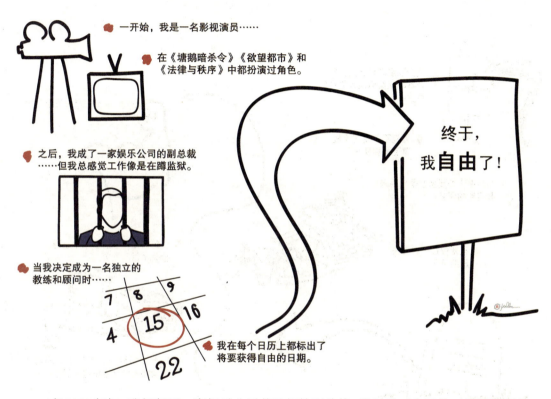

一开始，我是一名影视演员……

在《塘鹅暗杀令》《欲望都市》和《法律与秩序》中都扮演过角色。

之后，我成了一家娱乐公司的副总裁……但我总感觉工作像是在蹲监狱。

当我决定成为一名独立的教练和顾问时……

我在每个日历上都标出了将要获得自由的日期。

终于，我自由了！

在 2000 年初，我担任了一家娱乐公司节目部的副总裁，当时我对自己的工作很不满意，甚至感到绝望。那里的环境就像是在监狱里——长时间的工作、冷漠的同事，让人感到无法融入。想必你也经历过这种情况吧！

我决定走上一条全新的道路，做一名专业的企业教练和顾问：一个服务业专业人士。我私下花了大量的时间阅读、研究、学习和磨炼我的教练技能。经过充分的规划后，我把"自由"的日期标注在公寓的每份日历中，下面还画了个大大的象征胜利的笑脸。我的辞呈早已签好了名，放进信封，随时准备递出，我几乎等不及要冲出公司大门，去追寻我的心灵所指引的方向（我早已是身在曹营心在汉）了。

终于到了那个大喜的日子，我收到装了奖金的信封，跑到银行，兑现了支票，然后骄傲地递出我的辞呈。那一刻我感受到的快乐、骄傲和满足，实在是让人难以置信。我飘飘然地回到家，第二天醒来便一头扎进我的那份全新的事业中，开始作为企业主去服务客户。

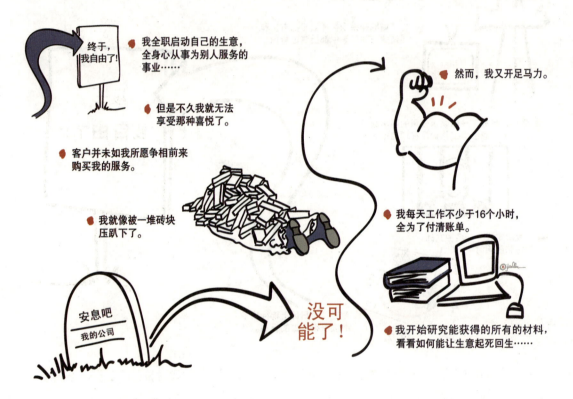

成功没那么快

不过，我的兴奋劲儿还没持续多久，麻烦就来了。

说我疯狂也罢，但我真的以为客户会从天上掉下来。我预期他们会找上门来，爱上我，然后用他们的钱来交换我的服务。实际上，我却窝在租金很贵的纽约市公寓里一筹莫展，心慌意乱，自怨自艾，做一些烦琐且根本赚不到一毛钱的事。

六个月后我已经走投无路，但这却开启了我人生崭新的一页。我受够了，已经无路可退。我还不打算弃子投降、放弃我的创业生涯。我内在的对于服务他人的强烈愿望，在纽约一个寒冷的早晨完全苏醒了过来。

我不再沉溺于自己财务困顿的冷酷现实，开始每天工作超过16个小时，全力追求成功和付清账单。我全情投入地搜集更多的资讯，并且学习一切能让我吸引更多的客户、更有效地进行沟通、销售以及为我的服务进行营销和宣传的方法。最重要的是，我想学习如何才能爱上营销和销售，把它变成一种有意义的精神追求。

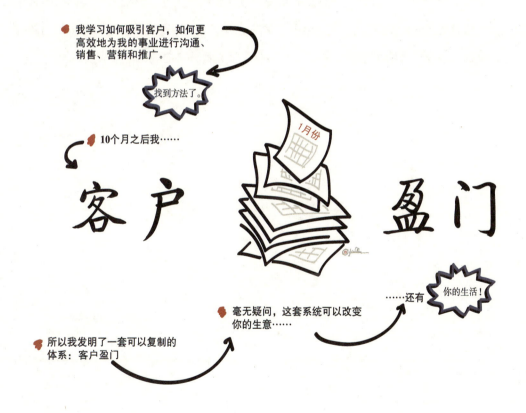

找到了行之有效的方法

我的努力终于有了成果。十个月后，我的客户越来越多，让我有些应接不暇了。但是事业上最有价值的部分并非我兑现的银行支票，而是我苦心建立的、让业务和收入蒸蒸日上的可产生立竿见影效果的整套系统。

我开始与一小群信任的客户分享成功秘诀，然后亲眼见证了他们的成功。我听到了他们的声音充满自信、骄傲和成就感。他们的业务更是突飞猛进！

我立即开始建立一套可以完全复制的系统，以便传授给大家。这套系统被称为顾客盈门系统（Book Yourself Solid），也就是你手上拿的这本书。我透过现场讲座和顾客盈门教练课程，将这套系统传授给了全世界成千上万的专业服务者。它的威力十分惊人。

前言 摆脱典型的抢客户心态

我相信如果你有话要说，想服务于他人，那么这个世界上就有一些人原本就该得到你的服务。如果你从事服务于他人的事业，你的工作就是把这样的客户找出来。如果你采用顾客盈门的方法，那么这一切都非常简单。参与调研的 90% 采用顾客盈门系统的客户，第一年的营业收入增加就超过了 40%。相信你也喜欢这样的结果。

毫无疑问，通过阅读本书你将得到巨大的真正的价值。你的成功和价值在于你要扮演一个积极的角色并且全情投入，行动就是最好的学习。如果可以做到这一点，那么你将在个人和事业发展上开始一段革命性的旅程，并且取得可以预期的成功。现在，我们创造了全新的图解版顾客盈门图书，这样你学习起来会更容易，并且也可以更好地应用于实践。也许有两个简单的原因造成你对服务的客户数量感到不满意：

1. 你可能不知道如何吸引和获得更多的客户。

2. 你知道怎么做，但却没有身体力行。

顾客盈门系统就是用来帮助你解决这两个问题的。我会教给你一切你需要的信息，从而能让你的客户多到应接不暇；我还会给你一些策略、技巧和秘诀。如果你已经知道该怎么做而不去做，我会激励你采取行动，并且帮助你坚持不懈地去建立事业实现梦想，并且过上你真正想要的生活。

许多像你一样有才华、有热情的服务业专业人士习惯逃避营销和销售，因为他们认为营销和销售的过程中一定充斥着咄咄逼人、自私自利和几近卑劣的做法。这种老式的做法并非顾客盈门之道，而是典型的抢客户心态。你千万不要落入这种典型的抢客户的思维中，因为这种营销思维认为资源总是匮乏的，因此必须要用一切手段去抢夺，这恰恰会让你去采取很多不正当的竞争手段。这一切与富足和诚实的心理状态正好相反。

怎样使用本书

顾客盈门系统由四大模块组成：1. 打造基础（系统检查）；2. 建立信任和信誉（跑道上飞起）；3. 完美定价和傻瓜销售策略（开足马力）；4. 顾客盈门6大核心自我推广策略（巡航高度）。

模块一：我们一开始将为你的服务业生意奠定扎实的基础。如果你真的想成为超级成功的服务业专业人士，就必须有一个可以立足的坚实基础。

模块二：我们会教你创造和执行建立信任与信誉的策略。你将被视为专业领域里信誉卓著的专家，同时也赢得你欣赏的服务对象的信任。

模块三：我们会教你如何在满足客户期望的同时为你的服务设置最佳的定价，你还会学到如何开展最诚实并且有效的销售对话方式。

模块四：我会教你如何执行自我价值提升的六大核心策略，从而让你的客户可以感知你提供的服务的价值。

为了帮助你设计一个理想客户源源不绝的服务事业，本书以纸上练习和顾客盈门行动方案来支持你开拓大格局的思维与创意。你可以在本书上做练习，它可以登陆 www.bookyourselfsolid.com 去下载我们的电子工具。我也将一步步带领你，以行动让你迈向客户预约满档的大道。

如果你按部就班地遵循这套系统，它将发挥最大的效用。不要跳过或漏掉任何章节，预约满档自我价值提升六大核心策略只有在你打好基础、建立信任和信誉、做好定价和销售策略后，才能展现它的效果。专业服务者讨厌营销与销售的主要原因之一，就是他们没有采用打基础和建立信誉的策略就想开始做营销，那就像吃没有煮过的生鸡蛋——你当然会讨厌它。所以不管你多想跳过章节，我恳请你遵循本系统，参照工序一一展开。

准备好了吗？让我们开始吧！

目　录

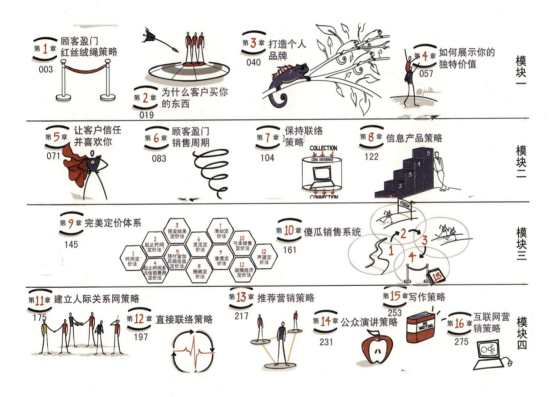

第1章　顾客盈门
红丝绒绳策略
003

第2章　为什么客户买你
的东西
019

第3章　打造个人
品牌
040

第4章　如何展示你的
独特价值
057

模块一

第5章　让客户信任
并喜欢你
071

第6章　顾客盈门
销售周期
083

第7章　保持联络
策略
104

第8章　信息产品策略
122

模块二

第9章　完美定价体系
145

3 假设结果定价法
7 浮动定价法
1 时间定价法
2 截止时间定价法
6 预付金加后端收益定价法
10 亏本销售定价法
4 截止时间多次收取费用定价法
5 灵活定价法
9 渗透定价法
12 声望定价法
8 捆绑定价法
11 规模经济定价法

第10章　傻瓜销售系统
161

模块三

第11章　建立人际关系网策略
175

第12章　直接联络策略
197

第13章　推荐营销策略
217

第14章　公众演讲策略
231

第15章　写作策略
253

第16章　互联网营
销策略
275

模块四

结语　这是一套威力强大的系统　288

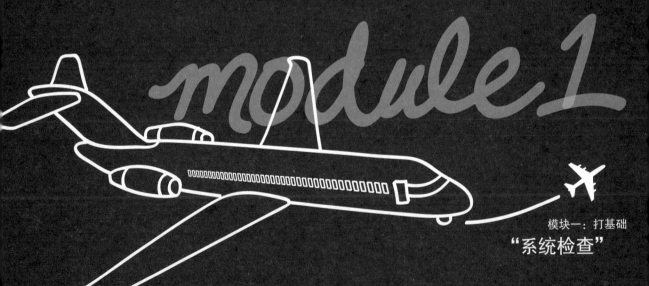

module 1

模块一：打基础
"系统检查"

系统检查

在飞行员自信地操控飞机开始一段长途旅行前，他需要在地面上制订飞行计划并且对飞机进行系统全面的检查。这些步骤是需要时间的，同时需要一丝不苟地执行，因为一个小小的错误就可能带来致命的后果。打造营销系统也是同样的道理，如果跳过准备工作，你根本就不可能实现腾飞。在顾客盈门系统中，我把这个系统检查称为打基础。

打基础的部分需要完成大部分较为困难的工作。很少有企业主肯花足够的时间去夯实他们的基础。相反，他们希望立刻开始营销工作，好像只要做营销了，客户立刻就会来。这种想法大错特错！想必很吃惊吧？要知道营销很少能立刻带来客户，但是它可以让客户感知到你提供的产品和服务，而这种感知可以把潜在客户导入到你的销售流程中。

把营销想象成点燃"招揽客户引擎"的燃料。如果油箱空了，你肯定会从空中坠落。营销可以让你的整个销售流程运转起来，好的营销可以让你顾客盈门。

模块一：打基础

想要顾客盈门，你就需要有坚实的基础。**这个基础是：**

- 选择理想的客户，只跟那些可以激励你、带给你正能量的客户打交道。

- 充分理解顾客购买你的服务和产品的原因。

- 打造你的个人品牌，让你与众不同，从而让别人很容易记住你。

- 明确告知别人你能带给他的价值，而不会让人感到迷惑和平淡无奇。

模块一包含4章，我将带你一步步走过整个打基础的过程，从而让你拥有一个立足的平台，这个精心设计的架构将支持你所有的业务拓展和营销活动，甚至让你获得个人成长。作为一个创业者，尤其是做服务他人的工作时，持续不断的个人反思与精神成长是不可或缺的。打基础的过程有点像玩拼图游戏。你得一次拼一片，等拼完后，你就打好坚实的基础了。

第1章
顾客盈门红丝绒绳策略

模块一

1.1 顾客盈门
红丝绒绳策略

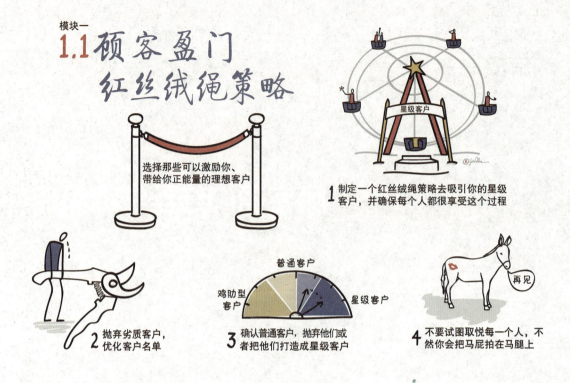

选择那些可以激励你、
带给你正能量的理想客户

1 制定一个红丝绒绳策略去吸引你的星级
客户，并确保每个人都很享受这个过程

2 抛弃劣质客户，
优化客户名单

普通客户

鸡肋型
客户

星级客户

3 确认普通客户，抛弃他们或
者把他们打造成星级客户

再见

4 不要试图取悦每一个人，不
然你会把马屁拍在马腿上

1.1 客户筛选机制——红丝绒绳策略

> 调整自己去取悦每一个人，迟早自己会完蛋。
>
> 雷蒙德·霍尔（Raymond Hull）《彼得原则》

想象一下，有位朋友邀请你陪她出席一场只有受到邀请才能参加的活动。你们抵达会场并走向门口，却惊讶地发现一条红丝绒绳挂在两根闪亮的铜柱之间，一位盛装打扮的男士问你们的名字，并核对了他的邀请名单。找到你们的名字后，他露出笑容，把绳子一端放下来，让你们进入了宴会厅。你一定感觉自己像明星一样。

那你有没有制定自己的红丝绒绳策略，只准许能带给你正能量、能激励你的理想客户进入呢？如果没有，一定要抓紧时间制定！

红丝绒绳策略

为什么每个人都要有自己的红丝绒绳策略呢？

第一，因为与喜欢的客户打交道时，你会非常热爱自己的工作，每一分钟都是享受，你会尽力把事情做到最好，而这正是顾客盈门不可或缺的条件。

第二，因为你就是自己的客户，他们就是你的展现和延伸。你还记得十几岁时，父母是如何反对你与某些人交往的吗？他们会说："近朱者赤，近墨者黑。"坏孩子会给你不好的影响。年轻气盛的你可能认为这不公平，而事实上你就像自己所结交的朋友一样。因此，做生意必须谨记一点：审慎选择客户就跟选择朋友一样重要。

打基础的第一步是选择理想客户，也就是那些可以激励你竭尽所能、带给你正能量和启发的个人或企业。我将协助你发掘具备哪些特质的个人或组织才能称得上是最理想的合作对象。接下来你会开发出一套严格的过滤程序，帮自己找到更多的理想客户。我也会协助你淘汰旧客户名单中的不理想客户。

记得刚开始创业时，我会跟任何活着的、能付得起钱的人打交道。之后，我开始思考选择客户的意义，以及只和最理想的客户合作的意义。谢天谢地，我遵循了红丝绒绳策略找到了最理想的客户。它不但提高了我的生产力，还让我更快乐，工作也做得更好，我拥有的客户和推荐客户多到应接不暇。相信你也可以做到！

🔻照一下镜子，镜子中的你就是你的客户。

想象一下，当你和能激励你、带给你正能量的人一起共事时，你是多么快乐，多么具有活力，并达到了你最佳的状态。然而，当你与不理想的客户相处时，你所感到的却是挫折、紧张和焦虑。感受完全不同，对吧？

怎样使用本书

顾客盈门系统由四大模块组成：1. 打造基础（系统检查）；2. 建立信任和信誉（跑道上飞起）；3. 完美定价和傻瓜销售策略（开足马力）；4. 顾客盈门 6 大核心自我推广策略（巡航高度）。

模块一：我们一开始将为你的服务业生意奠定扎实的基础。如果你真的想成为超级成功的服务业专业人士，就必须有一个可以立足的坚实基础。

模块二：我们会教你创造和执行建立信任与信誉的策略。你将被视为专业领域里信誉卓著的专家，同时也赢得你欣赏的服务对象的信任。

模块三：我们会教你如何在满足客户期望的同时为你的服务设置最佳的定价，你还会学到如何开展最诚实并且有效的销售对话方式。

模块四：我会教你如何执行自我价值提升的六大核心策略，从而让你的客户可以感知你提供的服务的价值。

为了帮助你设计一个理想客户源源不绝的服务事业，本书以纸上练习和顾客盈门行动方案来支持你开拓大格局的思维与创意。你可以在本书上做练习，它可以登陆 www.bookyourselfsolid.com 去下载我们的电子工具。我也将一步步带领你，以行动让你迈向客户预约满档的大道。

如果你按部就班地遵循这套系统，它将发挥最大的效用。不要跳过或漏掉任何章节，预约满档自我价值提升六大核心策略只有在你打好基础、建立信任和信誉、做好定价和销售策略后，才能展现它的效果。专业服务者讨厌营销与销售的主要原因之一，就是他们没有采用打基础和建立信誉的策略就想开始做营销，那就像吃没有煮过的生鸡蛋——你当然会讨厌它。所以不管你多想跳过章节，我恳请你遵循本系统，参照工序一一展开。

准备好了吗？让我们开始吧！

与理想客户打交道的好处不胜枚举：

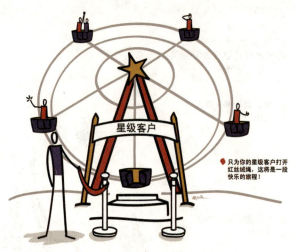

- 你将拥有最充沛的精力，发挥出最佳水准；
- 你会感到活力十足，斗志高昂；
- 你会与客户建立起更深层次的关系；
- 你会感到成功和自信；
- 你会知道自己的工作很重要，能改变许多人的生活；
- 你将唤醒自己内在的神奇力量。

这真是一段快乐的旅程！

◆ 只为你的星级客户打开红丝绒绳，这将是一段快乐的旅程！

书面练习 1A

你的星级客户拥有哪些特质？

使用下面的可视化图表完成下列练习。

步骤 1：想象一下你的理想客户，使用下列问题启发自己：

- 你喜欢与哪一类人为伍？
- 他们喜欢做什么？
- 他们都谈些什么？
- 他们与谁交往？
- 他们遵守哪些道德标准？
- 他们如何学习？
- 他们是如何对社会做贡献的？
- 他们是否经常微笑、性格外向并富有创造力？
- 你想为自己的生活创造哪一种环境？谁将被获准通过你的红丝绒绳策略？

列举出你希望理想客户所拥有的特质、价值和性格特点。

书面练习　1A
定义你的星级客户
列举出你希望你的理想客户拥有的特质、
价值和性格特点

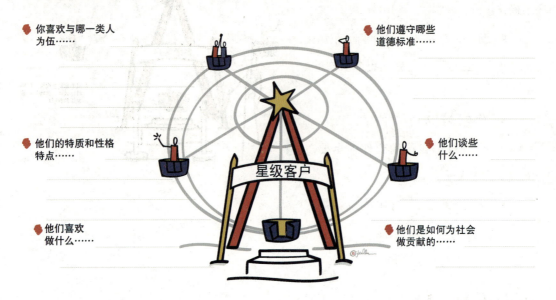

◆ 你喜欢与哪一类人
　为伍……

◆ 他们遵守哪些
　道德标准……

◆ 他们的特质和性格
　特点……

◆ 他们谈些
　什么……

星级客户

◆ 他们喜欢
　做什么……

◆ 他们是如何为社会
　做贡献的……

书面练习　1B

你现有的理想客户

使用下面的可视化图表完成下列练习。

步骤 1：让我们看看你现有的客户基础：

- 你最喜欢与谁互动？

- 你期待再看到谁？

- 哪些客户让你觉得与他们打交道一点儿也不像是在工作？

- 哪些客户让你简直不敢相信他居然会花钱请你和他共事？

在下一页书面练习册的空白处写下你喜欢的并曾经一同共事过的客户或他人的名字。

步骤2：在你的脑海中为这些人生成清晰的图像，并写下你喜欢和他们共事的前五大原因。什么因素让你与他们一起共事时就感到兴奋？

书面练习 1B
你现有的理想客户
明确你喜爱的客户，以及你喜爱他们的五大原因

书面练习 1C

优中选优

使用下面的可视化图表完成下列练习。

步骤1：现在再深入一步。如果你只和理想客户打交道，他们必须具备哪些特质才能让你发挥出最佳工作状态？列出想让你和你最优质的客户都获得成功，你需要哪些方面的支持。

一定要诚实，不要担心将一些人拒之门外。要为自己着想。为了这个练习，假设你只和最好的客户共事。要勇敢而大胆地写下来，不要想太多或者去筛选自己的想法。

步骤 2：当和最优质的客户在一起的时候，你也会达到自身的最佳状态。当你在做第一步时，想一些你和你的优质客户在巅峰状态时所取得的巨大成果，并把你的想法写下来。让这个清单不断激发你在列第一步清单时的创意，反之亦然。

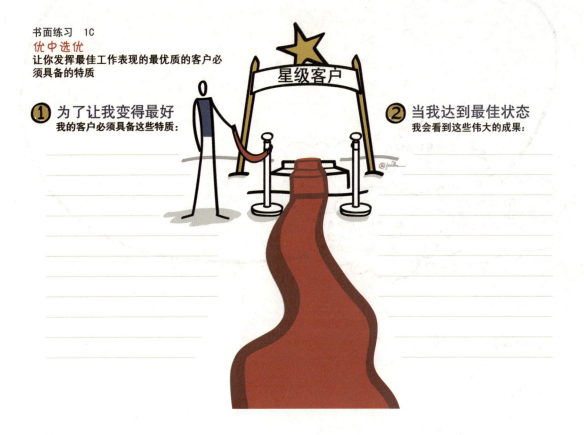

书面练习　1C
优中选优
让你发挥最佳工作表现的最优质的客户必须具备的特质

① 为了让我变得最好
我的客户必须具备这些特质：

星级客户

② 当我达到最佳状态
我会看到这些伟大的成果：

抛弃"鸡肋"型客户

作家兼商业大师级人物汤姆·彼得斯（Tom Peters）带领我们往前跨进了一大步。

在《专业服务公司 50 法则》（*Reinventing Work: The Professional Service Firm 50*）一书中，他提出了抛弃无效客户的主张。"抛弃客户？！"你一定会吃惊地大叫。我能听到你的抗议和震惊："我还以为这是一本讲解如何争取客户的书，不是抛弃客户！"不过，彼得斯说的是无效客户——不是所有的客户。这听起来有点极端，但仔细想想你就会明白。无效客户是你最怕打交道的客户，他们会榨干你的精力，让你感到无趣、无聊、倍感挫折。更糟的是，他们能让生性温文有礼的你甚至萌生伤害他们——或你自己的念头。

我很了解你会想到很多不能抛弃无效客户的理由，而且知道这种主张刚开始确实很吓人，但请继续耐心听我说下去。先接受这个概念，相信这是一位良师的好建议，而且是踏上顾客盈门之路的必要步骤。

为什么要留住会榨干你的能量、让你感觉虚脱无力的客户呢？在我自己创业的第一年，我一周之内就砍掉了十个客户。这做起来不容易，需要你随时保持高度的信心，但获得的情感与财务回报却很可观。在之后的三个月，我不仅换了十个全新的客户，并又增加了六个新客户。我不仅增加了收入，而且感觉比以前更心平气和与镇定，也更喜欢我的客户和工作了。

"鸡肋型"客户

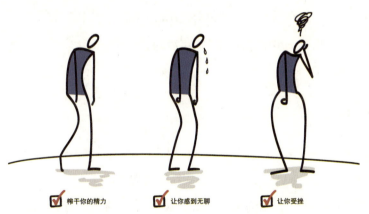

☑ 榨干你的精力　　☑ 让你感到无聊　　☑ 让你受挫

我经常问自己一个问题："我是愿意把几天时间时间花在美妙、刺激、超酷、了不起的客户兼朋友身上呢，还是愿意花一分钟时间在那些令人难以忍受的，使我感到度日如年、痛苦不堪，吸光我的精力的客户身上？"我别无选择，但我坚信暂时的财务损失是值得的。

书面练习 1D

抛弃"鸡肋"型客户

使用下面的可视化图表完成下列练习。

步骤 1：找出你不想要的客户类型，首先想一想你最不能容忍哪些特质和行为。什么行为会让你反感和不快？哪种人不应该通过那条保护你和你的事业的红丝绒绳。

步骤 2：现在，深入研究你现有的客户。对自己要绝对诚实。在现有的客户中，有哪些客户符合你刚刚写下的特质，不要让他们通过那条保护你和你的事业的红丝绒绳。

步骤 3：现在请采用可视化工作表上列出的顾客盈门行动步骤。

顾客盈门行动步骤是大胆的行动，这需要足够的勇气才能做到。勇气并不代表无畏，而是要能更好地掌控自己的恐惧，并利用它来让自己不断获得力量。一旦你跨越恐惧，下定决心去做，你将会感受到无比的自豪和满足。也许你会发现，一次跨一步比较容易。刚开始先抛掉无效客户中的一个，跨出第一步所带来的鼓舞将激励着你继续淘汰客户，直到所有无效客户都消除殆尽。

当你还没有客户的时候要做什么

刚开始做生意还没有客户时，该怎么办？我的新朋友，你非常幸运！因为你根本不用担心无效客户，从做生意的第一天起，你就可以设置好你的红丝绒绳了。

你可以在很短时间内开始制定你的红丝绒绳策略。如果你刚开始做生意，还没有很多客户可以去谈到这一点的话，那就在你做后面练习的时候，想想你现在或以前的同事、朋友，甚至是你之前雇用过的服务供应商。为了建立未来的红丝绒绳策略，你应该参考过往的经历，回忆一下哪些人可以激励你，哪些人你甚至想动手打他，当然，千万得忍住了，记住我们之前说的——爱和友善。

书面练习　1D

抛弃"鸡肋"型客户
确认你不想要的客户类型

性格特点或行为
我拒绝容忍

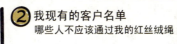我现有的客户名单
哪些人不应该通过我的红丝绒绳

顾客盈门行动步骤
丢掉你刚刚列出的无效客户

丢掉你在前面练习中所列出的无效客户。也许你只有一个无效客户，但也可能需要两三页纸才能列完。（我有没有事先警告你，我会把你逼出你的舒适区？如果没有，现在我已经在警告你了。）你的心在痛？想到这里胃就翻搅？你冒出了一身冷汗？或者兴奋地手舞足蹈，现在你终于丢掉那些无效客户了？也许你两种感觉都有，这再正常不过了。

优化客户名单

如果你对淘汰客户感到犹豫不决的话，那么记住，这么做不但对自己有益，对你的客户也是好事一桩。如果与客户的互动让你感到空虚、无力、挫折与恐惧，你将无法提供给他们最好的服务，结果是双方都深受其害。你应该把这种客户介绍给能够并且愿意为他们全心全意服务的人。如果勉强与这些客户周旋，你的诚信原则将会大打折扣。我们前面讨论过，你就是你自己的客户。当客户对别人提及你时，他们就是你的代言人。

你希望被拿来和哪些人相提并论——无效客户，还是理想客户？理想客户也是最可能向别人提起你、为你介绍更多理想客户的人，因为他们很高兴与你打交道，对你的服务非常满意。你保留的无效客户越少，空出时间服务的理想客户就越多，也因此能获得更多他们介绍而来的理想客户。

♠ 当断则断

对我来说，客户就像家人，所以抛弃客户是一件很困难的事。我经历过一段不安、痛苦、

消耗能量的日子，很担心棘手的客户关系。这种担心消耗了我的精力，让我无法带给客户最好的结果。为不理想的客户工作时，我不可能变得有生产力、有效率，更别提成功了。

让我来分享一下我与我的前任庭院景观设计师的故事，我对他来说就是不理想客户。不知道为什么，我和这位庭院设计师就是合不来。我经常会心血来潮地把草剪掉，以至于让他无事可做。于是，我便让他做一些其他我认为合理的事情。他看我也不顺眼，并清楚我不是他的理想客户。只不过他没有告诉我，而是继续跟我共事，直到有一天他的愤怒终于爆发出来，闹得场面很尴尬，迫使我决定解雇他。也许他觉得不应该抛弃无效客户，或根本没想过这件事。虽然抛掉无效客户不像修剪树枝那么容易，但如果不是他让情况更加恶化，并以伤感情的方式收场的话，我可能会介绍一些比我更适合他的客户给他。因为他没有采取顾客盈门行动步骤，放弃不理想客户，才弄得我们两败俱伤，也损害了他的声誉。

这就是你和不理想客户打交道的结果，你们之间的冲突最终会爆发，不管有意还是无意，原因在于这些客户让你感到很受挫。客户却认为是你没有提供好的服务，而且他们认为自己没错。因此，不能与客户保持理想的互动却勉强为之，对你和客户都没有好处。请不要再犯我和我的庭院设计师一样的错误，如果犯了这种错误，客户不但会流失，而且还会到处宣传你有多差劲。

当然，无效客户并没有错。不适合你的客户，对别人而言也许很适合。记住，不必把客户赶跑，只需要帮助他们找到更适合的人。你可以做得圆滑一些、更有技巧一些、和蔼可亲一些，情况允许的话，试着把他们介绍给适合的同事。尽可能保持简单，试着说："我不是为你服务的最佳人选。"或"我认为我们配合得不是很好。"

淘汰无效客户时，一定能得到积极的反馈吗？不一定。也许你最先想到的是："我不希望得罪任何人。"我能理解。我也希望大家都爱我，但人生很复杂，你无法取悦每一个人，不管怎么尝试都只是徒劳，就像下面将讲到的寓言一样。

书面练习 1E

理想客户、无效客户和其他人

使用下面的可视化图表完成下列练习。

步骤 1：将你的客户分为无效客户、普通客户和理想客户。不要隐藏或者遗漏任何一个。

如果这还不够，你可以开始关注大多数普通客户，那些既不是理想客户也不是无效客户的人，也许正经历着一次转变。这是为什么呢？当你和无效客户工作时，你肯定不在最佳状态。如果你认为这不会影响你的其他客户，那么请再思考一下。当你排除掉无效客户后，那种重新充满力量的状态和积极正向的环境将会让你和很多普通客户的关系重获新生，从而将他们转化成理想客户。

步骤 2：投入一些时间，关注普通客户。

普通客户名单：

- 哪些客户要被归类到无效客户名单？在他们的名字上画一个向左的箭头，指向无效客户名单。

- 哪些客户要被归类到理想客户名单？在他们的名字上画一个圆圈，并画箭头指向理想客户名单。

普通客户：抛弃他们或者发展他们

不妨通过头脑风暴将这些普通客户发展成星级客户。你可以通过一些深思熟虑的方法，也可以采用漫不经心的方法，将一些稍逊于理想客户的客户发展成理想客户。

- 在你们一起工作的时候，有没有什么方法可以让你们之间碰撞出新的火花或激发出彼此更大的热情？

- 你们是否需要在一开始合作时就设定和管理更为清晰的期望值？

- 你是否可以用新的方法来挑战或者激发你的客户从而加强你们之间的互动？

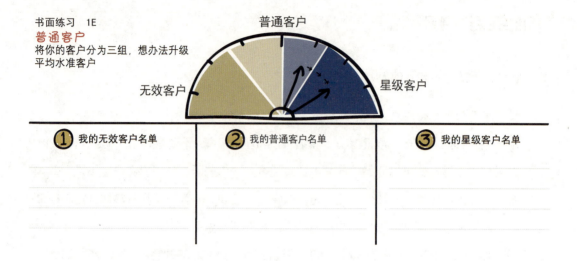

书面练习　1E
普通客户
将你的客户分为三组，想办法升级
平均水准客户

① 我的无效客户名单	② 我的普通客户名单	③ 我的星级客户名单

尽管去做吧。让负责逻辑的左脑暂时关闭，让负责情感的右脑狂野一下。

当你转向使用顾客盈门的方法时，请仔细观察你和客户之间的关系。有一些普通客户可能会离开，他们应该被转移到无效客户名单上。而另外一些则可以继续在游戏中晋级，进入理想客户的级别。

当你能够充分地表达自我和展示自我的价值和观点时，你自然而然地会吸引到和你的工作完美匹配的客户，同时也会排除掉你不希望一起工作的客户。

老人、小孩与驴子的故事

老人、小孩与驴子走在进城的路上，小孩骑在驴上，老人则在一旁牵着驴走路。走着走着，他们遇见一群路人，路人们纷纷批评小孩不应该让老人走路而自己骑驴。老人和小孩想想，觉得这些人说得有道理，于是他们便互换了位子。

这样走了不久后，他们又遇到一群人批评道："真丢脸！他让小孩走路，而自己却骑在驴上。"于是他们决定两个人都步行。

不久他们又碰到另一些人说他们好笨，放着一头好好的驴子不骑，偏偏步行。于是他们两人便一同骑在驴上。

然而又有路人指责他们说，让可怜的驴载这么多人实在丢脸，小孩和老人认为他们说得有道理，于是干脆决定背着驴子走。然而，当他们经过桥上时，没有抓稳那头驴子，结果驴子掉进河里淹死了。

这则故事的寓意何在？那就是如果你尝试取悦每个人，会把你累死。

问题的关键是，你需要寻找到可以和你产生共鸣的人群，因此不要给自己设限去考虑那些无法和你产生共鸣的客户。你的红丝绒绳策略是一个理想客户的过滤器。当然，你可以自由调节绳子的松紧度。我可没说让你拒绝最初的一批客户。我理解你将面临的种种挑战。当你启动生意时，如果你感觉应该让红丝绒绳放松一些以便获得更多的客户，这完全没问题。你只需要确保自己知道那些走进你的 VIP 房间的客户的优缺点即可。当你的实力越来越雄厚的时候，你就可以收紧你的红丝绒绳，为那些能给你带来能量和激励，最重要的是，让你发挥最佳水准的客户提供专属服务。

不要试图取悦所有人，否则……

再见

永恒的过程

我们刚才说的过程你必须定期做。优化客户名单是一个永恒的过程，因为所有的关系会自然地循环往复。你现在和理想客户形成的积极的、有活力的关系可能到某个时候会进入稳定期，最后到了该分道扬镳的时候。你会慢慢习惯这个过程。这个过程能带给你丰厚的回报，因此值得你去付出努力。

最后，我们不妨用汤姆·彼得斯的话来做结语："这是你的生活，你就是自己的客户。这种看法既公平、合理，又不可或缺。拒绝接受这些，表示你不够诚实。"

我要强调的是，这么做将是你事业与人生最好的和最聪明的决定。这事关你事业的成败与快乐。定期优化客户，然后在不知不觉中，你的理想客户名单将越来越充实。

第 2 章
为什么客户买你的东西

模块一

1.2 为什么客户买你的东西：

为你的服务制造持续不断的需求

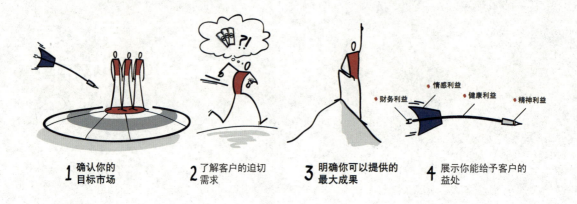

1 确认你的目标市场

2 了解客户的迫切需求

3 明确你可以提供的最大成果

4 展示你能给予客户的益处

1.2 为什么客户买你的东西

在所有事情开始之前，做好充分准备是成功的秘诀。

亨利·福特

做好下面几步，将让你在顾客盈门的道路上提升好几个段位，并让你信心满满。不管是哪一种情况，这几步都值得你花时间下工夫做好，而且请记住要按部就班地走。跟随我的指引，我将帮助你达到顾客盈门的目标。以下四个步骤将可帮助你清楚了解为什么人们会买你的东西。这几点很重要，因为它能为你的服务创造源源不断的需求。

步骤 1：确认目标市场。

步骤 2：了解目标市场迫切的需求和渴望。

步骤 3：明确客户可以取得的最重大的成果。

步骤4：找出并向客户展示你提供的投资机会能给他们带来的益处。

步骤1：
确认你的目标市场

现在已经检验过你乐于合作的对象的特质了，接下来该确认你的目标市场了。目标市场就是你服务的特定人群，例如，你的目标市场可能是住在温哥华的老年人、从事直销业的家庭主妇，或整形外科医生。理想客户则是你服务的目标市场中特定的一小群客户。记住，理想客户是能让你充满能量和激励你的个人，目标市场则是人口统计上你最有兴趣服务的一群人。确认你感兴趣的目标市场，就和确认让你感到充满能量与激励的理想客户一样重要。

同样重要的是，理解目标市场与利基市场的不同之处。如果你做过如何建立服务的相关研究，或读过这个主题的相关书籍，你很可能已经听过这两个名词了，而且还经常听到它们被互相替代。不过，在顾客盈门系统中，它们并不是同义词，两者有一个重要的区别：目标市场是你服务的那群人，而利基则是你提供给目标市场的特定服务项目。举例来说，你跟我可能同时服务于一个目标市场——专业服务人士，但是提供给他们不同的服务。我可能侧重于帮助他们提升新客户的数量，而你则帮助他们打造商业体系。

即便你相信自己已经确认并选择了一个目标市场，也不要略过这一节。我经常看到专业服务者生意艰难，原因是他们选了一个不够明确的目标市场，或选了他们认为理所当然和最容易赚钱的目标市场，而不是他们最有服务热情的目标市场。为了你自己的成功，即使你自认为不需要阅读本章，也要耐心看完。相信我，如果目标市场不够明确或者不适合你，本书其余章节对你也不会有效。此外，读完本章你可能会有意想不到的发现。

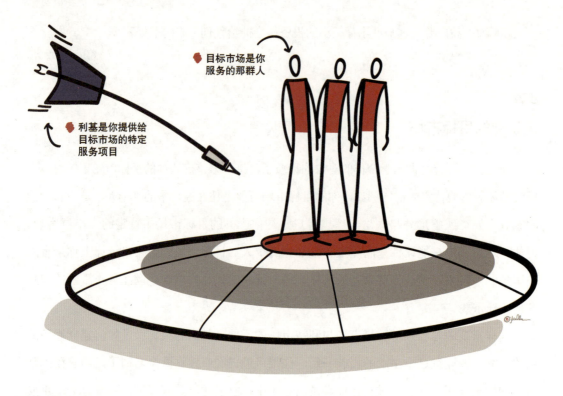

目标市场是你
服务的那群人

利基是你提供给
目标市场的特定
服务项目

选择目标市场的三大原因

如果你还在创业初期，或工作一段时间后却还未达到顾客盈门的阶段，你可能忍不住
想对所有人进行推销，认为推销对象越多，争取到的客户就越多。缩小市场范围以争取更
多的客户听起来似乎不合常理，但这正是达成顾客盈门必须做的事情。因此，选择目标市
场的三大主要原因如下。

1. 你知道在哪里可以找到客户

这让你可以弄清楚去哪里能找到那些正在寻找你所提供的服务的潜在客户。如果你有
一个目标市场，你就知道在哪里聚焦你的服务，并且提供让人无法拒绝的完美方案。你会
知道去什么样的机构演讲，在哪些杂志和期刊上发表文章，以及和哪些对你的潜在客户有
影响力的人去交往。很好！现在你知道该出现在哪里了。

2. 你会发现客户的社交网络

事实上，每个目标市场都已经形成了自己的人际沟通网络。为了让你的营销更有效果，你需要客户为你去传播信息。如果他们已经有了现成的沟通网络，他们就可以跟别人提起你，那么你的营销信息就会更快地得以传播。什么是沟通网络？就像我之前提到的，那些有助于群体沟通的环境，如协会、社交网络站点、俱乐部、不同的出版物和活动等。

3. 客户会知道你在为他们提供最真诚的服务

最后，选定一个目标市场会让你的目标市场里的人了解你为他们投入了自己全部的精力。营销和销售不是努力说服、劝诱或操纵别人买你的服务，而是要你出现在想服务的人面前，给他们提供服务，他们又正好需要且正在寻找你的服务。

当鱼被喂食的时候，为什么你不去做小池塘里的大鱼呢？

让我打个比方：你希望做大池塘里的小鱼，还是小池塘里的大鱼？一旦你确认了一个特定的目标市场，要抢占一个财源滚滚的地盘就容易多了。一旦成为小池塘里的大鱼，你的生意将会应接不暇，你会没有余力到别的池塘游泳。

不管你多想满足每个人的每一种需求，那都是不可能的事。即使你能，这么做只会让你疲于奔命，而客户也无法从你的服务中获得满足。如果缩小目标市场，只提供服务给最需要的人，并且从服务中获得更大的利益，那你将能提供给客户更好的服务，给予他们更多的时间、精力和专业服务。

生意风生水起的两大主要法宝

有两大法宝能让你去提升一个服务业的生意。

1. 横向扩张：面向一个市场销售更多的服务

你可以选择一个目标市场，经过一段时间，继续面向这个市场增加产品和服务。举例来说，假如你的目标市场是专业健身教练，你现在提供给他们的是网页设计服务。当你的生意做大后，你可以提供给他们搜索引擎优化和PPC广告点击服务。

2. 纵向扩张：向多个市场销售你的服务

当你在一个目标市场站稳脚根之后，就可以开始对更多的垂直目标市场进行营销和销售同一类服务。所以，如果你现在服务于木地板生产商，也可以提供同样的服务给瓷砖地板生产商。当你在市场中找到立足点后，你也可以开始聚焦于服务地毯生产商了。

你可能会想："如果我只是服务于某个特定群体的客户，或者在某个特定行业中特定类型的公司，会不会限制了我的发展机会？如果我感到厌倦了怎么办？"让我先来回答你的第二个问题。如果你是一个容易感到厌倦的人，那么不论做什么，你都会遇到同样的问题。你可能需要花一点时间反思一下，为什么你不能聚焦于你自己选择的事业。很可能是你选择的目标市场不能让你感到兴奋，因此你就没有热情并对此感兴趣了。

久而久之，你可以转移到其他领域。刚开始创业的时候，我帮助过健身和健康行业的专业人士提升他们的实力。当我足够幸运地为我的服务创造出市场需求后，我便利用我在服务于健身行业时所获得的声誉作为跳板进军其他垂直目标市场，如金融服务业等。当你一旦建立了专业声誉后，如果愿意，你可以拓宽你的目标市场（现在我几乎服务于各种类型的服务业专业人士）。所以，如果你想要让自己的实力迅速得以提升，那么就选择一个细分目标市场并且直到在这个目标市场中做到实力雄厚。那时，你就可以进军其他市场或者仍然聚焦在你原有的市场去开发新的产品和服务。

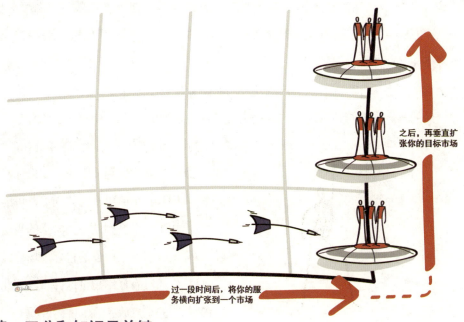

之后，再垂直扩张你的目标市场

过一段时间后，将你的服务横向扩张到一个市场

热情、天分和知识是关键

如果你还没选择好目标市场，或者你知道现在是重新选择的时机，那么机会来了，我将会帮助你梳理一下，什么最能激发你的热情，什么最能让你振奋，以及你最喜欢做什么，做哪些事情时你感觉像是在玩而不是在工作，从而让你将自己的天分和知识发挥到极致。

为什么要从思考你自己的需要、渴望和热情着手，而非从客户的观点思考呢？原因很简单：如果你对工作没有热情，心不在焉，感受不到工作对你的意义，那你就不会付出成功所需的时间和精力，即使你花几百万年也无法说服目标市场的客户，让他们相信你就是服务于他们的最佳人选。

我在与客户共事时常发现，他们往往会根据自认为理所当然的或最有钱赚的原则去选择目标市场。其结果只会让他们感到厌烦、受挫，而无法达到提升实力的目标。别犯这种错误，选择一个能激励你、让你充满服务热情的目标市场极为重要。如果不这么做，做生意很快就变得像是做苦工，让你苦不堪言。选择一个让你充满热情的目标市场，则可以让你感觉到做生意如同沉浸在游戏中，充满了乐趣。

确定让你感到热情洋溢的目标市场听起来好像很难，但就像约翰·屈伏塔（John Travolta）在电影《周末夜狂热》（*Saturday Night Fever*）中的表现一样，如果你知道什么能打动你，你将成为舞台上的王者。

当然这并不表示你不需要从客户的角度思考。如果你已经入行一段时间，即使客户数量不如预期的多，你不妨利用现有的客户来协助你完成这个程序。看一下你目前服务的客户，寻找他们拥有的共同特质，例如，行业、地理位置、年龄、性别或职业。如果你发现大部分客户拥有一个或更多的共同点，可能这还是你在不知不觉中受到这些共同点的吸引，或他们被你所吸引。也许你的目标市场已经选择你，只是你还没有仔细想过这件事，因此一直没有把营销的重点放到这个目标市场上。

书面练习　2A

花几分钟思考以下的问题，然后写下任何想到的答案。这个练习可以帮你提供线索，了解你最适合服务于哪个目标市场。你的热情、天分、已经拥有的知识以及想要学习更多东西的想法都是成功的关键。

找到你希望服务的目标市场的线索

使用下面的可视化图表完成下列练习。

步骤 1：想想哪些不同的群体在使用你所提供的服务。在书面练习表中列举出来，写在表格的最上面。

步骤2：哪些群体是与你关系最好或者你最感兴趣、最喜欢一起共事的？为了简单快捷地完成这一步，你可以直接标记"X"给那些和你关联度最高的群体。

你应该知道怎么做了，继续完成第三到第五步，在表格中找到适合你的群体并用"X"标记。

步骤3：哪些群体中有你认识的人，或者哪些人已经是你现有的客户了？

步骤4：哪个群体是你最了解的？

步骤5：从另一个角度看，哪个群体最让你着迷，让你有兴趣去了解更多？

干得好！你是否已经找到了一些自己最适合服务的目标市场的线索了？我感觉是的，让我们继续吧！

书面练习 2A
线索
你最适合服务的
目标市场

① 使用你所提供服务的群体

A组	B组	C组	D组	E组	F组
② 与你关系最好或你最感兴趣一起共事的群体					
③ 有你认识的人，或者已经是你的现有客户的群体					
④ 你最了解的群体					
⑤ 最让你着迷，并有兴趣去了解更多的群体					

书面练习　2B

你的热情、你的天分以及你的知识

你的热情、你的天分、你拥有的知识以及你希望学习更多知识的想法都是成功的关键。

使用下面的可视化图表完成下列练习。在空白处写下每个问题对应的答案。

首先，让我们看一些和你工作相关的问题。

步骤 1： 你在工作中最有激情的地方是什么？

步骤 2： 你在工作中发挥了哪些天分和优势？

步骤 3： 你在自己的专业领域中最擅长的部分是什么？

现在回顾一下你的人生经验和兴趣。如果你找出了与目标市场一致的共同点和兴趣点，就会更真诚地认同目标市场，与之产生共鸣。

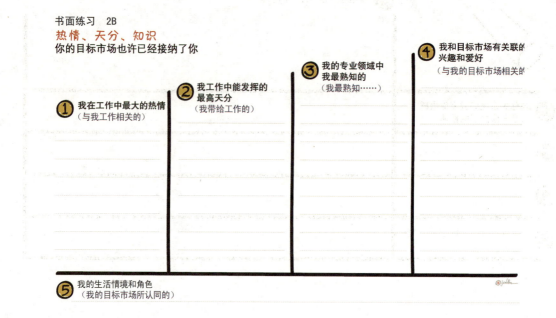

步骤 4：哪些兴趣或爱好能让你和目标市场产生关联？

步骤 5：哪些生活场景或工作中所扮演的角色，能让你认同某个特定的目标市场？

步骤 6：现在我想让你仔细看看你刚刚填好的可视化图表。你看到了什么样的类型？是否在你填写的不同类别中有交叉的地方？

源自生活的目标市场实例

在考虑过这些问题后，你是不是开始萌生一些新的想法？让我们来看几个例子，以便帮助你找出答案并应用到目标市场中。

也许你是制图师，而且你的整个家族成员都从事建筑业，也许你应该选择建筑业作为目标市场，因为你很了解这个行业的人，以及该行业的内部运作情况。也许你是健康行业的专业人员，且你的父亲或母亲就罹患了某种慢性疾病。你很了解这种疾病的情况，于是你对这类慢性病人深感同情，并希望帮助他们。也许你是脊椎按摩师，但曾经是业余运动员，所以你很喜欢为运动员提供服务。

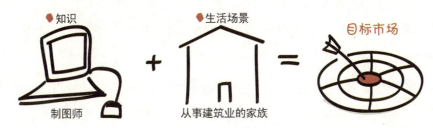

如果你是会计师，十几岁时家族事业曾经遭遇破产，你可能希望协助家族企业避免重蹈覆辙。如果你是美发师，过去曾是家庭主妇，那么家庭主妇可能是你最容易建立关系也乐于服务的目标市场。如果你是网页设计师，但是你对时尚很感兴趣，并想学习更多这方面的知识，所以你选择时尚产业作为目标市场。如果你是瑜伽老师，热爱并懂得如何与小孩相处，而且你很有创造力、想象力和耐心，那么你可以选择儿童作为目标市场。

我们拿最后一个例子深入研究一下。假设这位瑜伽老师已经拥有了众多的客户，原因在于她不仅是教授儿童瑜伽技巧的专家，而且她天生对小孩具有十足的亲和力。

正是这种鲜明的特质帮助她快速达到了事业的顶峰，但如果她服务于一般大众就有可能难以发挥出她的这些优势。

书面练习　2C

你是否开始意识到你的热情、天分、知识、生活经历甚至兴趣和爱好都可以帮助你找到更多的细分目标市场？因此请尽情地探索并且享受这个过程吧。

选择你的目标市场

使用下面的可视化图表完成下列练习。在空白处写下每个问题对应的答案。

步骤1：现在我只希望你回答这个问题：

谁是你的目标市场？把答案写在图表正中央靶心的位置。现在，可能你还没有做好选择，或者你已经接近但还没有到那里。如果是这样，请移到第二步。

步骤2：到可视化图表的外环中，把你有可能感兴趣的项目都列出来。

步骤3：退后一步看看你写的东西。在心里琢磨一会（但是别太久），然后选择一项，把他移到图标的靶心位置。

即使你现在还没有十足的把握，在看完后面的章节后，你就会感觉越来越清晰。切记要运用你的直觉。我已经记不清有多少次我的客户明明知道他们最想服务的目标市场在哪里，却因某些原因而放弃了。做这个练习时要关闭你的潜意识，去探索每一种可能性，而不用管它们表面看起来多么狂热、愚蠢或不现实。

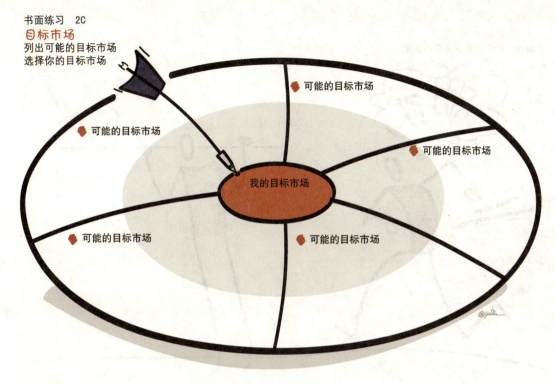

书面练习 2C
目标市场
列出可能的目标市场
选择你的目标市场

可能的目标市场

可能的目标市场

可能的目标市场

我的目标市场

可能的目标市场

可能的目标市场

步骤2:

了解目标市场的需求和渴望

目标市场迫切的需求与渴望，促使它们也在寻找你和你提供的服务，因此确认这种需求与渴望极其重要，否则你将错失服务的良机。

你必须提供潜在客户想要购买的东西，而不是你想要卖的东西，或认为他们应该买的东西。你必须从客户的观点出发来看你的服务——也就是他们迫切需求和渴望的东西。

客户的迫切需求就是他们必须立刻得到的东西，或者是他们亟待解决的问题。他们的强烈欲望则是他们未来想要得到的东西。当然，他们也想立刻得到全部，但这也许只是他们宏伟梦想的一部分，能让他们看着自己正一步一步地朝着这些欲望前进。

书面练习　2D
迫切的和难以抗拒的
了解客户的迫切需求和强烈欲望

◆ 了解客户的
迫切需求

◆ 知道他们强烈的欲望

书面练习　2D

迫切的需求和强烈的欲望

使用下面的可视化图表完成下列练习。

步骤1：客户的五大迫切需求是什么？（他们急于解决的问题是什么？）

按1—5的顺序列举出来，写在可视化工作表中。

举例：促使你买这本书的迫切需求可能是你感觉到有压力，因为你知道自己需要更多的客户（和更多的钱），但不知道到哪里去寻找以及如何推销你的生意。也许账单已开始堆积，这让你感到忧心忡忡。或者你知道如何推销服务，只是还没有开始做，拖延导致你的生意始终没有起色。

步骤 2： 客户的五大强烈的欲望是什么？（他们希望向哪里前进？）

按1—5的顺序列举出来，写在可视化工作表中。

举例： 再以你为例，你最强烈的欲望可能是变得更有信心，能掌控大局，得到更多让你满意的客户；也许你想获得财务自由；也许你只想每年能有一次像样的假期；或者就只是生意兴隆，让你既能做喜欢的工作，又能赚大钱。

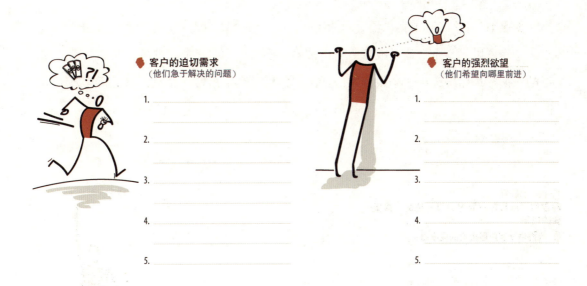

客户的迫切需求
（他们急于解决的问题）

1.
2.
3.
4.
5.

客户的强烈欲望
（他们希望向哪里前进）

1.
2.
3.
4.
5.

步骤 3：

确定你的客户能获得的最大成果

这个简单的步骤可能是在理解"为什么有人买你的东西"这一问题中最重要的一步。什么是你可以帮助客户达成或得到的最大成果？当我说第一成果时，指的是最大的成果。当然，我知道你可以帮助客户做很多事。他们希望解决一个大问题或者达成一个大的成果。为什么你要买这本书？为了能够阶段性地获得更多的客户。读这本书是否还可以给你带来其他很多益处？毋庸置疑，本书可以带给你更多的信心，更多的责任，甚至更多的朋友。但原则是你想要获得更多的客户和提升自身的实力，就必须对你提供的每一个产品或者服务有一个巨大的承诺。你所做的工作就是用你的服务去履行那个承诺。

因此，让我们说到做到。

书面练习　2E

使用下面的可视化图表完成下列练习。

步骤 1：什么是你能提供给客户的第一位的、最重要的成果？在下面的空白处描绘出来。你可以写一个短语，或者一个小故事。要写成你自己的，并且说明你是否还在斟酌？很好！如果选出一个很困难的话，那你可以列举出若干个来，然后再将范围不断缩小。

干得好！

书面练习　2E
最大的成果
确定你可以帮客户取得的第一位的、最重
要的成果
● 我提供给客户最重要的成果是：

步骤 4：

向客户展示你所提供的投资机会的利益所在

你的目标市场中的潜在客户是否认为你的服务和产品有机会给他们带来可观的投资回报？如果要让潜在客户买你的服务和产品，那就必须使他们认为那是可以投资的机会，并让他们感觉获得的回报将高于投资。

我认为，客户必须从对你所提供的服务投资中获得至少 20 倍的回报。这种回报有许多不同的形式，视你提供的服务而定，这些回报可以分成四类：财务上的（financial benefits）、情感上的（emotional benefits）、身体上的（physical benefits）和精神上的（spiritual benefits），可以用缩写 FEPS 来表示。客户的投资回报不仅要高，而且还要在他们购买之前就能感知到潜在的投资回报。

让我们看一个关于财务回报的例子。如果我卖了一个标价 49 美元的产品，买家可以期望的财务回报至少是 1 000 美元。如果我的教练课程需要投资 1 500 美元，每一位参加者可以预期将获得至少 3 万美元的新客户业务（不要忘记 FEPS 的另外几个方面，比如信心增强、变得专注、条理等）。如果有人花 3 万美元请我演讲，那么听众的整体财务回报至少应该是 60 万美元。我担心的是有时候，作为专业服务业人士，往往会忘记客户投资回报的重要性。

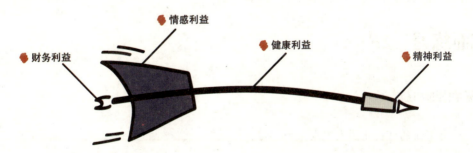

客户接受你的服务能获得何种投资报回报？是否远高于他们付出的金钱、情感、体力和精神投资？如果是，有多高？20 倍？

成功的商业秘诀就在于了解客户想要什么并给予他们。与其谈论你做什么，不如专注于找出可以解决客户问题的明确、具体而详细的方案。人们不是在购买你所做的事情。你所运用的科学、技术或技术名词，是不足以让客户雇用你的！客户一旦了解你所提供的服务式产品的明确利益与好处，就会立刻抓住与你合作的机会。

为了让潜在客户知道你的解决方案是可以投资的机会，你必须找出并向他们展示你可以带给他们的利益。你提供的机会——针灸、理财规划、网站设计、职业咨询、高管教练、室内装潢，只代表你是做什么事的。它们是你提供的具体服务，是客户技术层面上购买的东西，而不是他们真正要购买的。例如，我提供的服务从技术上来说是：

- 一本讨论如何让你提升实力的书。
- 一套教练和训练计划，培训你如何变得实力雄厚。
- 通过现场研讨会训练你如何提升实力。
- 一张许可证让你变成认证的提升实力的教练。

不过，上述提供的都只是功能性和技术性服务。这些服务的核心利益却更深一层。利益有时候是有形的结果，但更常见的是无形的：它们是你的服务对客户生活品质的改善，它们是让你的服务成为可投资对象的机会——FEPS，即通过你的服务，让客户可以体验到的四大回报。永远记住，这才是人们要买的东西。

书面练习　2F

根深蒂固的利益

使用下面的可视化图表完成下列练习。

步骤 1：和你共事的客户可以得到什么样的财务回报？他们能否得到 20 倍的投资回报？在可视化图表上写下你的反馈。

财务利益的例子：

- 提升财务安全和财富自由度；
- 省钱；
- 最大化利润和投资回报；
- 帮助制定聪明的财务决策；
- 理解财务的其他选择。

步骤 2： 和你共事的客户可以获得什么样的情感利益？

情感利益的例子：

- 帮助客户提升他们的自豪感；
- 让他们冷静地做出正确的决策；
- 作为缓冲，让客户不用面对压力。

步骤 3： 和你共事的客户可以获得什么样的健康利益？

健康利益的例子：

- 由于客户压力的降低，使得他们的健康得到改善；
- 他们呼吸更顺畅了；
- 消化不良症状减少；
- 睡眠质量更好。

步骤 4： 和你共事的客户可以获得什么样的精神利益？

精神利益的例子：

- 人生目标更清晰；

- 坚定他们自己的信仰；

- 他们的工作给他人带来积极的影响；

- 追逐他们的梦想；

- 生活有了全新的意义。

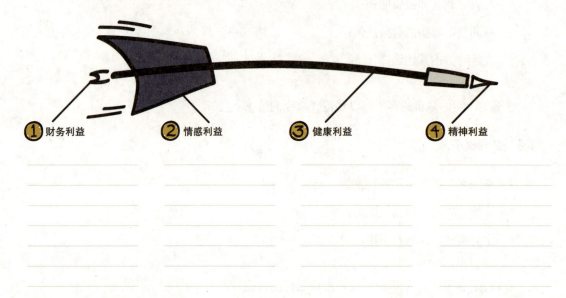

① 财务利益　　② 情感利益　　③ 健康利益　　④ 精神利益

客户希望得到你的帮助

现在来看一下你在客户面前是否扮演着很重要的、很值得信赖的顾问角色。你有义务为需要的人提供服务，如果你不能给客户提供咨询、顾问、指导与训练，那对他们而言就是巨大的伤害。因此，请试着开始把自己当成客户生活中的领航人。

我们都希望有人可以信赖。如果你是那个人，你就能左右逢源。如果你把自己当成可以信赖的顾问，客户就永远不会忘记你。他们会在几个月、甚至几年之后还会回来找你。

信任需要时间去建立，所以你今天建立的关系可能要很久以后才会开花结果。继续分享你的愿景、使命并尽到帮助他人的义务。给客户一个又一个的利益，向他们展现你是如何实现你对服务的承诺的。

有一个常用的关于销售的字母缩写"ABC"，即永远在成交（always be closing）。在我听来这是十分庸俗的推销技巧！我认为 ABC 应该是永远在沟通（always be communicating），让每个人都知道你是如何帮助他们的。

但首先需要：

1. 选择一个目标市场；

2. 明确客户的迫切需求和强烈欲望；

3. 确认你可以帮助他们达成的第一位的、最重要的成果；

4. 你的可投资机会能给客户带来什么利益。

了解了吗？很好。

第 3 章
打造个人品牌

模块一
1.3 打造个人品牌
挖掘那些决定着你在目标市场知名度的
个人品牌元素

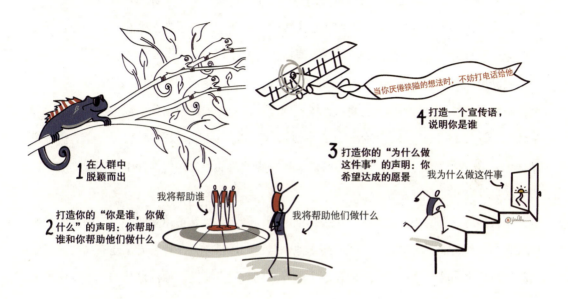

当你厌倦狭隘的想法时，不妨打电话给他

4 打造一个宣传语，
说明你是谁

3 打造你的 "为什么做
这件事" 的声明：你
希望达成的愿景

我为什么做这件事

1 在人群中
脱颖而出

我将帮助谁

打造你的 "你是谁，你做
2 什么" 的声明：你帮助
谁和你帮助他们做什么

我将帮助他们做什么

1.3　打造个人品牌

　　每当你压抑自己个性中的某个部分，或者让别人瞧不起你，那么你根本就是辜负了造物主对你的恩赐，并摧毁了自我的完善。

奥普拉·温弗瑞

　　确认目标市场并找出目标市场急迫的需求与强烈的欲望，以及你可以帮助他们取得的成果和你提供的可投资的机会。现在你已经准备就绪，可以通过令人无法拒绝和印象深刻的方式制订出一套如何让市场认识你的计划米。

　　你可以通过打造你的个人品牌来做到上述这些。个人品牌应该由以下三部分组成。

让自己脱颖而出

个人品牌在你成功的路上扮演重要的角色。个人品牌将有助于你理清并前后一致地诠释、表达和告诉客户你是谁、为谁服务以及为什么你要奉献自己的生命和工作来为目标市场服务，进而达到吸引理想客户、过滤非理想客户的目的。

建立个人品牌的意义远远超出告诉别人你是做什么的，或者你的网站和名片的样式。它就是你——独一无二的你。它将让你脱颖而出，在各方面展现出你的独特性，包括"你是谁"、"你代表什么"以及"你做什么事情"。在你的领域里，采取和别人一样的营销模式毫无疑问是具有诱惑力的，因为这会造成一种更安全的假象；但那样不是你想要的，你将无法实现提升实力的目的。

个人品牌的目的在于让你以一种技术或才能而闻名。比这更重要的是，你的品牌是你所代表的一种精神。成功的人会找到属于他们自己的风格，并在此基础上建立品牌，然后大胆地用这个品牌表达自己，从而让这个世界看到自己真实的、原汁原味的价值。这种威力是惊人的，让人无法忘怀的。

个人品牌越大胆、真实和简洁，就越容易吸引你想招揽的客户。个人品牌的作用就是定义你自己，但你必须先定义它。个人品牌将赋予你能力去吸引那些了解你并愿意和你共事的快乐的、热情的客户，而你也了解他们。要打造一个视觉上、思想上、听觉上和感觉上都像你的个人品牌，使人们从中能立即认出属于你的特质。它应该是清晰的、前后一致的、真实的、容易记住的、有意义的、有灵魂的、具有个性的。

让你自己脱颖而出

你是否曾经委曲求全

在我们开始精心雕琢你的个人品牌之前，必须先解决你平时不经意间制造出来的障碍，以避免它们阻碍你的成功。我知道讨论与个人品牌有关的个人障碍似乎很不寻常，但这就是我们所要讨论的你的生活。你希望做更大的事情，对吗？当然，你一定愿意。那么下面的问题将能帮助你弄清成为世界知名人士的秘诀。请仔细思考一下。

这个星球上最伟大的个人及商务拓展的策略就是大胆的自我表达。

你是否充分表达了自己？我知道这也是一个不同寻常的问题，但我还是要提出这个问题，原因在于如果你要创造一个大胆、热情、热烈、刺激、勇敢、富有冒险精神、活泼、生动、闪亮且受人尊敬的个人品牌，你就必须充分地表达自己。你不能躲在大门招牌后面，也不能过于压抑自己。如果这么做，对你原本应该服务的客户来说，你根本就没有任何吸引力。

作为一个老板，你可能已经在忙着做生意了——搭建生意的基础框架，比如建立一个全自动的营销系统，服务于你的客户。你怎样打造你的品牌和你怎样为自己工作一样重要。

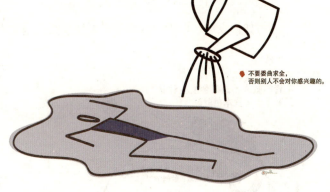

● 不要委曲求全，
否则别人不会对你感兴趣的。

你是否曾经在事业的任何一方面违背过自己的原则，或降低自己的标准？例如，你是否曾经感觉到自己必须委曲求全或违背原则而宣布放弃一项生意？你可能想："我不出卖自己，我绝不妥协或违背原则。"如果你不曾如此，那的确十分罕见。偶尔妥协或违背原则是非常正常的事，每个人都会如此。

如果能了解过去碰到的难题，对你将大有好处。因为独立工作和开始经营自己的事业极具挑战性，若能认清过去曾忽视或遭遇过的困难，现在就能省去许多痛苦和意外。

书面练习　3A

活出你的精彩

使用下面的可视化图表完成下列练习。

步骤 1：深入了解那些曾让你感到振奋、使你充满活力地表达自己的例子。你做事简直得心应手，精力和能量似乎源源不断。哪一种情况能让你如此充满活力？

步骤 2：列出你在经营事业时出卖自己、委曲求全，或违背原则的情形，不论是以前的还是现在的。

步骤 3：现在比较两种情况，一种是你出卖自己，另一种是你能够充分地表达自我。

- 你如何改变自己的行为，以便大胆地畅所欲言，表达自我？

- 你将如何表达，以确保未来不再妥协或委曲求全？

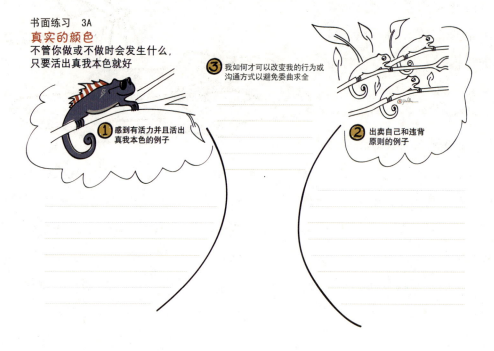

书面练习　3A
真实的颜色
不管你做或不做时会发生什么，
只要活出真我本色就好

③ 我如何才可以改变我的行为或沟通方式以避免委曲求全

① 感到有活力并且活出真我本色的例子

② 出卖自己和违背原则的例子

书面练习 3B

将勇气训练付诸实施

使用下面的可视化图表完成下列练习。

步骤 1：开始在一些相对舒适的场合进行大胆的表达训练。填写在左边栏。

步骤 2：写下一些（看起来有些困难的）你愿意被鼓励大胆表达的场合，并将它们填写在中间栏。

步骤 3：现在要真正挑战自我了。什么样的情形对你而言是更大的目标，让你可以更加大胆地表达自我？在右侧边栏填写。

书面练习 3B
勇气提升训练
列举一些你可以自由和大胆表
达自己的场景

相对舒适的场合	稍微有些困难的场合	真正挑战自我的场合
让我可以更加大胆的场合	让我可以更加大胆的场合	让我可以更加大胆的场合

清晰的意图

做这些练习有两个原因：第一，你可以协助客户了解你将怎样帮助他们；第二，可以确保清晰地表达你个人的想法和专业意图。

传达清晰的想法可以让你优雅而自信地迈向目标。冲突的想法则会在不知不觉中阻碍你的成长，干扰你实现梦想。它们是消耗能量和困惑产生的根源。从个人品牌认同的角度来看，冲突的想法最后总会导致"无力"的信息和不够成功的个人形象。例如，我父亲是一位很有成就的心理分析师，我一向很尊重他以及他的工作，同样我也一直希望他能为我的成就感到骄傲。这很自然，对吧？

在第一次创立服务事业时，我花了很多时间去厘清我所提供的服务类型，思考该如何对外宣传我的服务。我也一直在这样做，至少我自认为如此。我让每个人都知道我是可以胜任的。不过，反响并不热烈。我找到几个客户，但正如前面所提到的一样，我的生活经常入不敷出，而且我对自己得到的反馈实在不满意。几个月后，我几乎到了山穷水尽的地步。于是我对自己的品牌做了一番正式评估，并先从网站开始着手。当我定下心来，靠在椅背上，从头到尾仔细阅读网站上的每个字时，我惊讶地发现整个网站给我的感觉并不是真正的我，它几乎就像我父亲在说话。事实上，我在传达自己心目中父亲会赞同的想法。

清晰的意图将会让你迅速向目标迈进

我羞于大胆表达自己，只能小心翼翼，暗中希望父亲能赞许我所做的事情。于是在我内心有两个相互冲突的想法：一个是建立一份极为成功的事业，另一个（相冲突的想法）是让我的父亲感到骄傲，基本上就是不要做任何他可能会反对的事。你是否还记得我前面所提到的"大多数的事业问题都隐藏着个人问题"？

我的自我设限到了很严重的地步。我没有给自己充分表达的自由，自我设限让我无法完全释放出自己的经验、观点和热情。结果就是，我只是给他人留下了困惑而平淡无奇的印象。事实上，我没有证据或真正的理由相信父亲不会赞同我表达真实的自己。恰恰相反，他更希望我能展现出真实的自我。那只是一个逃避的理由。

为了弄清你的意图，你必须去除现在互相矛盾的想法。你的世界由你现在的意图所创造，如果你想改变自己的世界，就必须改变你的意图。我对你的期望是，通过这本书，你对自己人生和事业的想法会越来越清晰，进而能将它清晰地传达给客户。

书面练习 3C

获得清晰的意图

使用下面的可视化图表完成下列练习。

步骤 1：明确你在事业上最重要的一个想法。

例子：我想提升实力。

步骤 2：深入探索自己的内心，找出任何与你识别的想法相冲突的意图。这可能要深入你的潜意识，因此难度会升高，而且冲突的想法几乎都与恐惧有关。

例子：如果我想变得实力雄厚，我将会变得很忙。也许，为了让实力变得雄厚，我将必须推销自己，但推销自己会让我感觉有求于人或低人一等。或者我很想提升实力，但又羞于推销自己。

步骤 3：认清冲突的想法就为释放它们迈出了一大步，认识固然很重要，但往往不足以防止冲突的想法影响和阻碍我们积极的意图。接下来要认清根本的恐惧是什么。你只有认清恐惧的原因，才能开始采取释放它们的措施。

顾客盈门行动步骤 要做到这一步，你必须审慎选择一两位真诚的和积极支持你的朋友，与他们分享你内在的新发现。他们必须真正支持你，愿意帮助你进行改变。通常在我们开始改变生活时，无论是事业或个人生活，有些最亲近的朋友和家人可能会感到来自改变过程的威胁。尽管他们希望你成功，但往往下意识里却又有相冲突的想法，暗自期盼你保持原状以便让他们感觉好过一些。这些人不适合帮助你做这个练习。

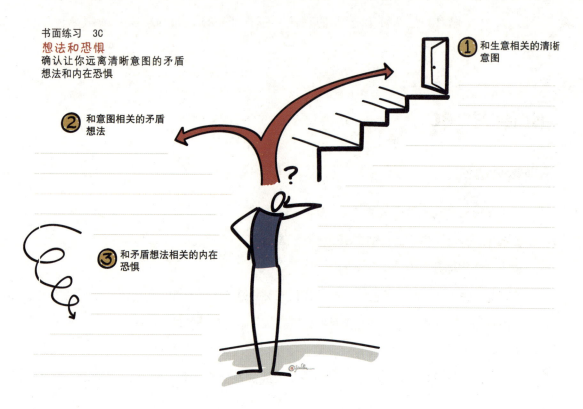

书面练习　3C
想法和恐惧
确认让你远离清晰意图的矛盾
想法和内在恐惧

① 和生意相关的清晰意图

② 和意图相关的矛盾想法

③ 和矛盾想法相关的内在恐惧

书面练习　3D

发现你潜在的天赋

使用下面的可视化图表完成下列练习。

为了弄清有哪些秘密癖好或天赋是你能够用来创造财富、快乐和无可限量的成功事业的，请回答下列问题：

问题 1：你有哪些特殊才能是与生俱来的？你从小就擅长做哪些事？

问题 2：别人经常称赞你什么？

问题 3：哪三件事让别人对你印象深刻？

问题 4：在个人生活中，你最喜欢谈论哪些事，而且乐此不疲？

问题 5：当被问起你的工作时，你最想说的是什么，而且乐此不疲？

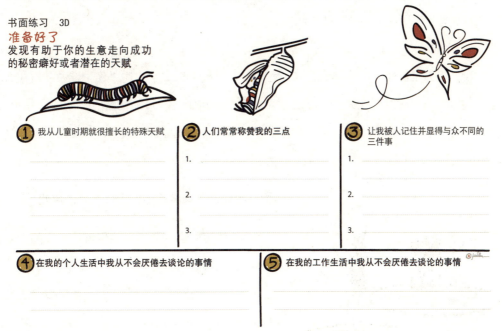

书面练习 3D

准备好了
发现有助于你的生意走向成功的秘密癖好或者潜在的天赋

① 我从儿童时期就很擅长的特殊天赋

② 人们常常称赞我的三点
1.
2.
3.

③ 让我被人记住并显得与众不同的三件事
1.
2.
3.

④ 在我的个人生活中我从不会厌倦去谈论的事情

⑤ 在我的工作生活中我从不会厌倦去谈论的事情

通常我们因为距离太近而看不清自己与众不同的特质或癖好。将这个方面的问题寄一封电子邮件给不同的人，看他们对你和你的个性有何看法。你不但会开始看到有关"你是谁"的真相，还会收到最感人和温暖的电子邮件回信——我保证，你不妨试试看。

顾客盈门行动步骤 ➤ 寄一封电子邮件给5个以上的人（包括朋友、家人、客户、邻居和你在不同领域认识的人）。

- 要求他们说出你最明显的五项人格特质或癖好。

- 要求他们说出和你相处最有趣或最特别的感受。

- 要他们大胆说出来，千万别害羞。

个人品牌的三大元素

我在本章一开始就提到打造个人品牌的三大元素是：

1. 你关于"你将帮助谁，你将帮他们做什么"的声明；

2. "为什么做这项服务"的声明；

3. 你的标志性宣传语。

我希望你聚焦在个人品牌的这三大元素上，直到你以文字叙述"你为谁做、做什么和为什么做"的声明时，能完全、彻底地表达自己。这个过程可能需要一星期或者几个月。我自己则花了六个月的时间，当时没有这样的书来帮助我更快地做到。关键在于，你必须花时间去认真思考这些方面的事情。

"你将帮助谁，你将帮他们做什么"的声明

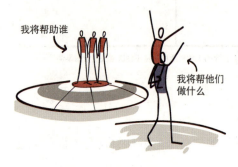

我将帮助谁

我将帮他们做什么

"你将帮助谁，你将帮他们做什么"的声明能让别人知道你帮助谁，以及你能帮助他们做什么。这是人们在考虑是否雇用你服务时你必须通过的第一道关卡。你的潜在客户将会仔细地了解你能否帮他们解决特定的问题。

"为什么做这项服务"的声明

许多同行关于"你将帮助谁，你将帮他们做什么"的声明会和你的一样，所以当潜在客户认同你的此项声明后，他们还想知道他们在情感或哲学层面能否与你相通。他们也想知道能不能认同你"为什么做这项服务"的声明——你从事这个工作的原因。

你有义务让他们了解，为什么你是为他们特定的迫切需求与渴望提供解决方案的最佳人选。与你的"你将帮助谁，你将帮他们做什么"声明产生共鸣的人，将能更深入地、强烈地、几乎像磁铁吸附一样被你吸引。这不仅对你有着深刻的意义，对他们也同样如此。

我为什么做这项服务

你的标志性宣传语

在我的行业里，我以"不想屈就于狭隘思维，就来找我"而闻名。这个声誉不是平白得来的，自从明白"为什么做这项服务"的声明之后，我就反复地说这句话。它的基础就是我"做什么"的理由——帮助人们从更高的角度去看待自我以及他们如何对世界做贡献。

基于"为什么做这项服务"声明的标志性宣传语是你必须不厌其烦反复宣传的理念，当第一次听到有人用它来形容你时，你会高兴得热泪盈眶。你应该设计一个简单的句子，让别人用你选择的方式来定义你。你将不厌其烦地重复这句话，因为它是基于你所想表达的内容，而且对你而言很重要。更重要的是，它不但对你有深刻的意义，而且能让客户读到或听到你的标志性语言，这将对他们是否决定购买你的服务式计划产生关键性的影响。

当你厌倦狭隘思维时，打电话给他

书面练习 3E

打造关于"你将帮助谁和帮他们做什么"的声明

使用下面的可视化图表完成下列练习。

步骤1：你将帮助谁

参考第2章中所提到的目标市场，首先，要做到准确和清晰，确保即使一个五岁的小男孩也能听懂。列出尽可能多的帮助对象，然后完成这个声明："我将帮助……"

步骤2：你将帮助他们做什么？你将帮助他们解决哪些普遍存在的问题。

步骤3：现在把这两部分结合在一起就可以得到"你将帮助谁和你将帮他们做什么"的声明。

例子：我帮助……让服务业专业人士可以提升实力。（或者，对于五岁的小孩来说，"我将帮助商店卖出更多的货"。）

书面练习　3E
你是谁和做什么
写一些专业的声明去解释你将
帮助谁和你将帮助他们做什么

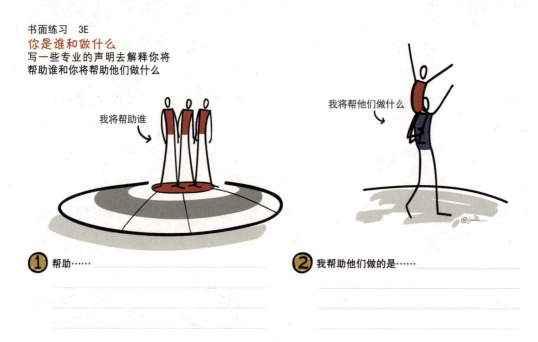

① 帮助……

② 我帮助他们做的是……

书面练习　3F

打造你关于"为什么做"的声明

是时候再次跳出你的舒适区了。先把内心的苛责放在一旁，允许自己去放大想象——

我是说要足够大，比你之前所能想象的还要大才可以。做一个最为理想主义的、可以激励他人的、有创意的、有力量的你。

使用下面的可视化图表完成下列练习。

步骤 1：你为什么要为你的顾客提供这样的服务？是什么驱动着你去做的？

步骤 2：你的目的是什么？你希望通过你的工作达成什么样的愿景？

记住，你的工作是你是谁的一种具体表现。列举出你脑海里面的所有想法。至少写出两个"你为什么做"的声明。

提升实力行动步骤 ：如果"为什么做"的声明不能够快速且简单地明确下来，你可以和一群了解你的朋友或同事一起做头脑风暴。有可能是那些你习以为常的、甚至完全没有意识到的事情成了你的声明中的重要元素。一些来自外界的智慧和较为客观的看法会让事情变得非常简单。

书面练习 3F
你为什么做现在的事情
写下为什么你要帮助你服务的顾客以及你
希望通过你的工作达成什么样的愿景

① 我为什么要为顾客提供此类服务

② 我希望通过我的工作达成什么样的愿景

书面练习　3G

打造你的标志性宣传语

你的宣传语会让别人知道你是什么样的人，这也是你在这个世界上希望达成或体验的本质。你可以把它作为一个更大的愿景来激励你在生意中的所作所为。你的"为什么做"的声明结合宣传语会让你用积极而有意义的方式去改变别人的生活。

你可能注意到我的宣传语对我的目标市场而言并不是特别具体。这可能会引起一些人的共鸣。专业服务业人士并不是唯一想要站在更高角度思考的人。我选择提供我的服务给这些充满灵感的群体，而不是这个星球上每一个单个的灵魂。你的标志性宣传语不一定是关于你的目标市场的，也可以是一种情感的链接，可以打动你目标市场中的理想客户。很多人和你服务同样的目标市场，但你的宣传语将会让一部分人而不是别的人产生共鸣，而这部分人就是你真正想要服务的客户。

你为什么愿意投入宝贵的时间去为别人服务？你希望产生怎样不同凡响的结果？如果你不想改变，可以考虑做些别的，而不是成为服务业专业人士。

使用下面的可视化图表完成下列练习。

步骤 1：复习你在上一个练习中所做的事情。

步骤 2：写下 3—5 个可能的能代表和展示你最喜欢的"你为什么做"声明的标志性宣传语。

书面练习 3G

你的标志性宣传语

打造一个宣传语说明你是谁

当你厌倦狭隘的想法时,记得打电话给他

● **可能的宣传语**

1. _____   4. _____

2. _____   5. _____

3. _____   6. _____

罗马不是一天造成的

我的个人品牌也不是一天就打造成的。我有过许许多多的愿景,甚至有时候一个月会想一个,最后才找到适合我的"为什么做这项服务"的声明。我并没有陷入到找寻完美品牌信息或定位声明的陷阱中,我不担心这个问题,因为我知道随时都可以修改。我知道草拟声明是个过程,可以不断修改直到自己满意。如果没有开头,就可能什么都不会有。

首先我先清楚地写下了"你将帮助谁,你将帮他们做什么"的声明:"我将协助专业服务供应商获得更多的客户。"花费了我较多时间的部分是写出富有哲学性的"为什么做这项服务"声明,我非常用心地尝试找到适合我自己的叙述,前后大概花了六个月的时间。我每天都在想它,奇怪的是,我却是在完全意外的场合下想出来的。当时我正与一群人一起做头脑风暴,随意谈论我们的事业,每个人都在说着自己的工作。我故意问另外一个人:"为什么我要雇用你?"我扮演黑脸,直到最后一位女士反问:"对啊,那我们为什么要雇用你?"我脱口而出："当你不想屈就于狭隘的想法时，就来找我吧。"突然整个房间静下来了，好像每个人都停止了呼吸。过了好一会儿，那位女士大叫："没错！那就是你！"屋子里的每个人立刻欢呼了起来，连空气似乎都兴奋起来了。

当我开始运用我的"为什么做这项服务"的声明，让别人了解我从事这个行业的原因时，我发现能与我产生共鸣的人会立即表示他们认同声明的内容。那些无法产生共鸣的人，如我的一位大学朋友，则会问我："'不想屈就于狭隘的想法，就来找我'这句奇怪的话到底是什么意思？"这没什么不好，重要的是吸引那些适合你服务的人，其他人则会找到能与他们产生共鸣的服务供应商，也就是说，不理想的客户不会找上你的。

1 在人群中脱颖而出

2 打造你的"你将帮助谁，你将帮他们做什么"的声明

3 打造你的"为什么做这件事"的声明，说明你希望达成的愿景

4 打造一个宣传语，说明你是谁

第 4 章
如何展示你的独特价值

模块一
1.4 如何展示你的独特价值

不要让别人听起来觉得很困惑、
苍白无力、乏味甚至与己毫不相干

1 消灭电梯说服术

2 避免使用专业术语

3 使用五步方程式自然真实
地去谈论你所做的事情

4 丢掉听起来像机器人
般的说话腔调

1.4 如何展示你的独特价值

交谈是双方的对话，而不是独白。这也是为什么好的交谈是很少见的，因为两个聪明的谈话者相遇的机会很少。

美国作家，杜鲁门·卡波特

很多专业服务者无法让自己的生意兴旺起来的主要原因是，他们不知道如何以清晰而令人难以抗拒的方式向别人说明自己所提供的解决方案以及给他们带来的利益。他们也不知道如何用听起来不让人困惑或感到茫然的语气说话，或像别人一样避免用电梯说服术向他人谈论自己所做的一切。

消灭电梯说服术

电梯说服术（30秒的商业演讲术）的概念是指你在一部电梯从一楼到五楼30秒的时间内要去说服并打动一个人。

最近几年就这个话题我调研过数以千计的听众。每次我都会问："你们中间有多少人真正喜欢别人对你讲的电梯演说？"没有一个人举手。然后我又问："你们当中有多少人喜欢用电梯演说去说服别人？"同样没有人举手。这说明什么呢？如果我们既不喜欢听也不喜欢用电梯演说，那为什么还一直有人要学习？因为，我们需要具备向别人讲解我们所从事的事情。然而，在这种情况下，服务业专业人士最好不要采用电梯说服术。这不仅仅是因为它不好用，更因为它会让我们看起来很愚蠢，或者更糟的是，会让别人心生厌恶。

电梯说服术曾用于创业者向风险投资或天使投资人推销自己的商业创意以便拿到投资，而非让服务业专业人士去和潜在客户建立信任的关系。风险投资家通常会基于电梯说服术的质量来判断那些商业创意的质量。在那种情况下，使用电梯说服术是很合理的，但这并不适合用来在服务业专业人士和客户之间建立关系。你想要得到的是值得信任的顾问的形象，而不是为了融资去发明像金属探测拖鞋这类的新产品。这是完全不同的情况。

为了服务业专业人士，我一定要把电梯说服术从商业术语中移除。我希望你也可以加入我来完成这个使命，并且学习到如何不使用电梯说服术来谈论你的事业。

开始一段有意义的对话

那么，你该怎么做来代替电梯演说呢？我把这个疯狂的概念称为谈话。我知道这可能有点怪。在本章中，我将教你如何进行提升实力的对话——富有创意的而非照本宣科的谈话技巧，激发起客户对你服务、产品和计划的好奇和兴趣。

提升实力的对话将协助你与潜在客户或中间人进行有意义的谈话。我们将谈到如何生动、形象地描述你所帮助对象面对的挑战，你如何帮助他们，以及他们从你的服务中将获得什么样的结果与利益。你将以这种对话取代静态、沉闷且被动回应问题的方式。例如，一般常见的问题是"你做什么工作"，典型的回答则是"我是企业顾问"、"我是按摩治疗师"或"我是绘图师"。对方接下来的反应只能是客套的点头或评论，更糟糕的则是尴尬的沉默，或完全没有反应地瞪着你。一旦得到这样的回应，你再怎么谈论自己或你的服务，听起来都会像是在推销。更糟糕的是，你还自以为是地用那显得很炫的夸大其词的电梯演说方式去补充死记硬背的回答。我甚至怀疑这种令人厌烦的回答再加上华而不实的电梯说服术，就是为了强迫听众立刻去刷信用卡。

相反，提升实力的方式将会在你与潜在客户或推荐人之间建立起一种有意义的和相互关联的对话来。把它想成两个真正愿意彼此倾听的人在交谈，而这种交谈的基础就在于可以成功了解为什么别人要购买你的产品。我们已经在第 2 章中做过练习，你应该知道人们为什么会买你的东西。

你已经写出了"你的客户是谁，要如何服务"的声明，这是谈论你做什么的第一个步骤和最佳工具。现在你必须确保能激起对方加入谈话的兴趣，并引导对方提出问题，而非只是客套地回应。你必须与对方交谈，而非只对他们说话，这意味着你要学会倾听，去了解什么是他们真正感兴趣的以及真正需求的。毕竟，他们的需求也许你就能满足。绝不要说事先准备好的台词，那样做注定会以失败收场。提升实力对话的长、中、短三种版本，将会让你在不同场景下顺利地与各种人交谈，并永远做到有备而来。你要告诉他们你为哪些人服务，然后倾听他们的反应，接着再做出回应，而且很快你就会发现你们已经展开富有启发性的、信息丰富的对话了——这就是在谈论你的工作时不至于让人感到无趣和困惑的关键。

你以什么谋生

我们常听到"你做什么工作"这类问题，你的回答如果是"我从事某项专业工作"，那就错了。你永远比你从事的工作重要得多。让我们先抛开专业标签——教师、医生、设计师、会计师、针灸师、私人健身教练、瑜伽老师、顾问或其他平淡无奇的描述，这会让你变得和大家没什么两样。

仔细想想，假设你是一位瑜伽老师，遇到了一个真正需要你的帮助，而且会是你的理想客户的人。唯一的问题是，她对瑜伽以及瑜伽老师有先入为主的观念，而且这个观念对你表现自己是不利的。

想象一下这样的情景：当潜在客户问你从事什么工作时，你回答说："我是瑜伽老师。"你还不知道是怎么回事呢，就只见那位潜在客户的脸已扭曲变形，左边眉毛扬起，带动左嘴角上撇，她的鼻孔微向外张，说道："噢，这样啊……我以前也有一位邻居是瑜伽老师，她真的很怪，让我吃了不少苦头。事实上，我搬出那栋公寓就是因为她，虽然我很喜欢那栋公寓！每天都有好多人去找她，整天进进出出的，大声播放着奇怪的音乐，好像世界末日到了一样——我想他们一定是什么秘密教会的成员。还有，你一定不相信我还得忍受那难闻的气味，随时都有熏香的烟会飘进我的屋子。

此时的你一定感觉不妙了吧。当你告诉别人做什么工作时，你希望得到的是这样的反馈吗？这样的情形完全有可能发生在任何专业服务业人士身上，而不仅仅是瑜伽老师身上。

只谈论你的专业性会把你困在盒子里面。

你比自己的专业头衔要重要多少？提升实力对话技巧将让你从众多拥有同等专业头衔的人当中脱颖而出。它将给你机会展现你以及你的服务、产品和计划的独特性，还有你对工作的激情。

如果你的提升实力对话听起来像介绍简历一样，那你只会让人无聊得想打哈欠。尽管他们不会说出来，但他们会想："谁管你这些？那又如何？这些与我何干？"你的潜在客户想知道的是："那对我有什么好处？"

书面练习 4A

我们将把这种对话分解成最小的单元，并搜集我们在前面章节整理出的所有信息。你已经选定目标市场，并开始从三个方面来打造个人品牌：

- "我将帮助谁和我将帮他们做什么"的声明；
- "为什么我要做"的声明；
- 标志性宣传语。

现在我们来温习一下你做过的所有练习，整理出你的核心信息。如果你按照进度来做练习、进行提升实力方面的对话将是相当容易的过程，这个威力强大的工具将彻底改变你的业务和你所传达的信息。

我们先把所有部分集中在一起拟出几个不同版本的对话：长篇、中篇、短篇。请记住，我们不是在写演讲稿。我只是给你一个框架让你可以开始整理一些可行的内容放到提升实力的对话中去。

提升实力对话的五步方程式

下列五个部分已在前面的练习中得到答案，你要做的是把各个部分组合成一个方程。

第一部分：用一句话来总结你的目标市场。你要帮助谁？

第二部分：确定并总结出你的目标市场所面临的三个最大的和最重要的问题。

第三部分：列出你如何解决这些问题，并向客户提出你独特的解决方案。

第四部分：展示你能够帮助客户达成的最大成果。

第五部分：向客户展示他们可以获得的深层次的利益。

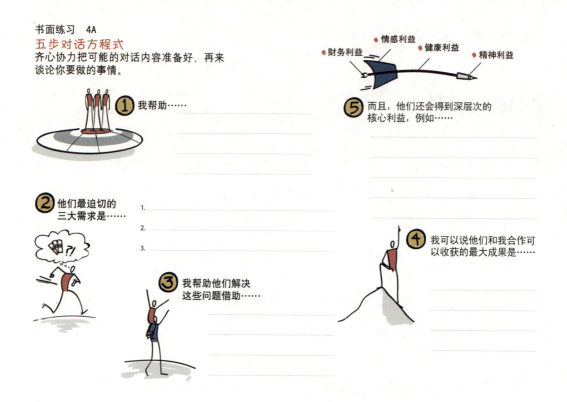

书面练习 4A
五步对话方程式
齐心协力把可能的对话内容准备好，再来谈论你要做的事情。

① 我帮助……

② 他们最迫切的三大需求是……
1.
2.
3.

③ 我帮助他们解决这些问题借助……

④ 我可以说他们和我合作可以收获的最大成果是……

财务利益　情感利益　健康利益　精神利益

⑤ 而且，他们还会得到深层次的核心利益，例如……

五步方程式的应用

你现在已经有一个大纲了，可以帮助你清楚地描述工作内容，不至于让人听起来感到困惑和索然无味。事实上，你已经能像超级巨星一样运用这个大纲和框架来与别人展开有意义的交谈了。不过，这不是演讲，别死守这个格式不放，要懂得适时变通。你可能不需要在每次谈话的时候都提及框架的各个部分，因为你的谈话对象有可能会滔滔不绝，甚至帮你说出想说的话。这时候你可以放松心情去聆听。

重要的是，如果你准备好了这五个步骤，就可以轻松自如地谈论你所从事的生意，仿佛在轻松地烹制一顿甜美的生意大餐一样。当你的实力得到提升以后，你就可以获得高利润、高价值的客户了。

短篇版

我帮助＿＿＿＿＿＿＿＿＿＿＿＿＿＿＿＿＿＿＿＿＿＿＿＿＿＿＿＿＿＿＿＿。
　　　　　　　　（目标客户）　　　　　　　　　　　（最大的成果）

例子：在超市排队等候结账。

鲍比：很高兴认识你，迈克尔。你从事什么行业？

　　　　　　　　　　　　　　　　　　　（最大的成果）

迈克尔：我是小企业顾问。我帮助小企业主获得更多的客户。（目标客户）

鲍比：噢，那很有意思。我太太经营着一个家居用品生意，你能帮助她吗？

迈克尔：能告诉我她主要经营什么以及你认为她需要哪方面的支持吗？

现在，我们切入主题……

中篇版

我帮助＿＿＿＿＿＿＿＿＿＿＿＿＿＿＿＿＿＿＿＿＿＿＿＿＿＿＿＿＿＿＿＿。
　　　　　　　　（目标客户）　　　　　　　　　　　（最大的成果）

你知道＿＿＿＿＿＿＿＿＿＿＿＿＿＿＿＿＿＿＿＿＿＿＿＿＿＿＿＿＿＿＿＿。
　　　　　　　　（目标客户）　　　　　　　（他们迫切的需求和渴望）

我的工作是＿＿＿＿＿＿＿＿＿＿＿＿＿＿＿＿＿＿＿＿＿＿＿＿＿＿＿＿＿＿。
　　　　　　　　（我怎样帮助 / 我的"做什么"声明）

同时，他们＿＿＿＿＿＿＿＿＿＿＿＿＿＿＿＿＿＿＿＿＿＿＿＿＿＿＿＿＿＿。
　　　　　　　　（可得到的深层次利益）

例子：行业大会

莉莎：很高兴认识你，迈克尔。你从事什么工作？

（最大的成果）

迈克尔：我是小企业顾问。我帮助小企业主获得更多的客户。（目标客户）

莉莎：获得更多的客户，那太重要了。

（目标客户）　　　　（迫切需求）

迈克尔：小企业主永远在找更多客户，却老是抱怨他们痛恨营销和销售。（客户的问题／挑战）

莉莎：迈克尔，你说得很对！我不得不承认我就是这种小企业主，永远需要新客户，却真的痛恨营销和销售！

（我怎样帮助／我的"做什么"声明）

迈克尔：我知道，不过根本不用担心。我的工作就是教会像你这样的人如何才能喜欢上营销和销售，同时又能得到喜欢和你打交道的客户。（目标客户）

（可得到的深层次利益）

莉莎：那真是太好了！你怎么做到的？

倾听并灵活运用

五步方程式是一种很好的方法，它可以用来跟一些人开始一段真正的对话来探讨你所从事的事业。当然，我设计的场景是非常完美的。在现实生活中，可能不会这么顺畅或成功。但是，如果你仔细倾听，保持灵活性，并随时观察身边的动态和细节问题，那你将无往而不利。

如果我不采用五步方程式，而是四处炫耀自己是四本《纽约时报》畅销书的作者，经常出现在网络和电视节目上，是一位很受欢迎的商业演讲家，并经营着世界上最受尊敬的教练项目，那只会让我听起来像是个傲慢的蠢货。诸如此类的有利资历证明应该在合适的时机抛出，而不是逢人便说。

当然，你也可以回到你以前熟悉的对话方式："你好，我是（你的名字）。我是一位（专业的头衔）。"或者，你也可以采用电梯说服术，但我敢保证你一定不会取得相同的效果，而且很可能你将终止一段谈话而不是开始一段关系。

你一旦清晰地定义了你的目标市场，了解到目标人群的需求和渴望，并且可以阐述你服务的成果带给他们的核心价值时，你将永远不会措手不及了。我建议你继续打磨和提炼你的信息，并且要一直练习下去。我就是这样做的。

轻松进入赢得客户的对话

先在家里比较自在的环境中练习。要想让争取客户的对话感觉很自然，的确需要花上一段时间。如果不希望对话听起来很僵硬，好像排练过似的，那你就需要多多练习。练习越多，你就越熟练自在，感觉起来就越没有排练过的痕迹。由于你只有一次机会给别人留下第一印象，因此要以强烈而吸引人的方式去展示你自己以及你的事业。

用这种方法练习可以帮助你变得从容不迫，当你与各式各样的人进行谈话时，就能随机应变，转化出不同场景的对话形式。这是真正的对话，而不是演说或念台词，因此你每次与人谈论工作都会得到独一无二的经验。即使你谈话的对象不是在念台词，也不一定会用说过的方式做回应，但只要你熟记赢得客户的对话技巧，那就不成问题。无论如何，你都能轻松自在地以最适合的方式回应他们。

赢得客户的行动步骤 ⟩⟩ 和一两位同事练习，并互相问对方："你是做什么的？"

赢得客户的对话技巧，最重要的原则是，将我教你的方法应用到实际中去。学习这套方法只是达成目的的手段，采取行动才能让你赢得客户。

当你在说自己做什么的时候，不要让人听起来像个机器人一样呆板。

通过这个练习，开诚布公地训练你的赢得客户的对话技巧，并且把它做到最好。

发自内心地说话

说话时一定要表情丰富，要感到兴奋，并表现出你对工作充满了热情。如果你对自己所做的事都不感兴趣的话，别人自然也不会感兴趣。还有，不要忘记：

- 微笑。我是说真正的微笑——灿烂、大胆、友善的微笑。

- 与对方的目光保持接触。如果缺少目光接触，你将无法触及别人的内心。

- 要有信心。身体语言自信且大方得体。站立挺直，但姿态放松。

千万别忘了倾听！停下来，专注地听对方说出需求和渴望，你才能了解并回应他们最重视、最关心的话题。

一段精心设计的赢得客户的对话一定要以轻松和诚恳的方式表达出来，并注入你独特的聪慧和热情，如此才能发挥出不可思议的力量。激发你的热情，善用你的声音，并且每一次都充满激情地与人分享。

1 消灭电梯说服术

2 避免使用专业术语

3 使用五步方程式自然真实
地去谈论你做的事情

4 丢掉听起来像机器人
一样呆板的说话语气

module 2

模块二：建立信任和信誉
"在跑道上起飞"

在跑道上起飞

要想让一架飞机腾空而起，就需要强大的推力。飞机越大，需要的跑道就越长。就好比飞机起飞离开地面时需要的能量非常大一样，要想让一位刚开始从事服务业的人变成一位业内的知名专家，也需要付出巨大的努力。很少有企业主能达到起飞的速度，因为他们只付出了 80% 的努力。想象一下，如果一位飞行员也只出八分力，会发生什么？飞机是无法起飞的，而旅客将会发现他们正驶向生命的终点。

选择权在你的手里。为了下一个不可逆转的承诺，你必须付出 100% 的努力，在很短时间内集中火力放大你的营销，只有这样，你的生意才能够一飞冲天。

模块二：建立信任和信誉

想要赢得客户必须在市场上建立信誉，让人们喜欢你，同时也获得服务对象的信任。第一部分已经为你打下了基础，现在应该来思考建立一套赢得信任与信誉的策略，以便让你异军突起，开始与潜在客户建立关系。

你的策略将建立在下列基础之上：

- 在你的领域里成为一位受人喜爱的专家。
- 通过你的销售周期建立信任关系。
- 实施一个全自动保持联络的策略。
- 开发能建立品牌的信息类产品和项目。

模块二也包含 4 个章节，跟前面一样，我会带领你一步步走过这个过程，让你发现营销和销售其实并没有那么难。事实上，你会发现它们既刺激又好玩。

第 5 章
让客户信任并喜欢你

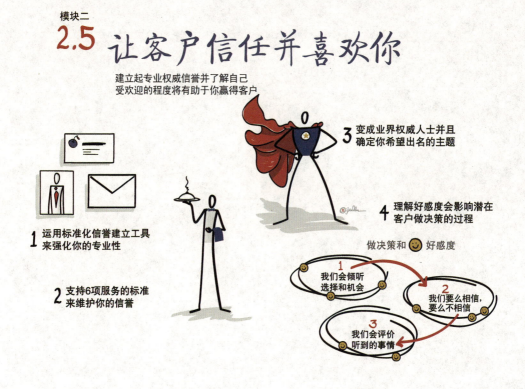

模块二

2.5 让客户信任并喜欢你

建立起专业权威信誉并了解自己
受欢迎的程度将有助于你赢得客户

1 运用标准化信誉建立工具
来强化你的专业性

2 支持6项服务的标准
来维护你的信誉

3 变成业界权威人士并且
确定你希望出名的主题

4 理解好感度会影响潜在
客户做决策的过程

做决策和 😊 好感度

1 我们会倾听
选择和机会

2 我们要么相信，
要么不相信

3 我们会评价
听到的事情

2.5 让客户信任并喜欢你

所有的信任、好心、真相的证据都只来自感觉。

尼采

　　在讨论如何让你成为业界专家前，不妨让我们先深入探讨一下信誉建立的标准。信誉建立的标准就是在你展现出可信度和专业度之前，必须先做的事和应该具备的条件。只有你符合这些基本条件，我们才能讨论如何在你的领域里建立起专业权威的信誉，以及你受欢迎的程度是如何影响你赢得客户的能力的。

信誉建立的标准

信誉建立的基本条件看上去可能很简单，但如果你不具备这些条件，别人就不会重视你，所以值得我们仔细研究。

你必须有一个专业电子邮件地址，最好要包含自己的域名名称。juicytushy@aol.com 不合格，175bb3c@yahoo.com 也不行。如果你还没有网址，至少要用你的名字：johndoe@gmail.com。

制作高品质的名片。你自己在家制作的、边缘有穿孔的名片，或外面买来的、背面有印刷公司名称的名片，都会损害你的信誉。另一方面，采用刺激性语言、高度个性化的被过度包装的名片则会损害你的权威感。如果你是某一方面的专家，那么你可以在名片上体现一些不一般的设计。如果你是一名设计师或者品牌专员，那你可以做一些不同寻常的名片让别人很好地记住你。除此之外，名片设计一定要尽量简洁。

如果你没有网站，现在就做一个！事实上，等你读到第16章"赢得客户的互联网营销策略"时再做也不迟。如果你有网站，但是显得老旧或者是以免费模板架构起来的，那就制作一个新的网站。除非你是专业人员，否则不要自己设计网站。

将专门制作的照片放在你的网站和促销资料中。一张你抱着猫、穿着睡衣的照片恐怕无法让别人对你充满信心（除非你经营宠物店，同时兼卖睡衣）。

取得并展示具体的客户见证，而不是笼统的见证。一个署名 H.G. 的客户评论说："潘很棒，她帮了我一个大忙。"这类见证没有什么分量，肯定无法帮助你赢得更多客户。不过，如果有一个有名字、有公司，甚至具有网址的人给你做具体见证说："在两个月内潘帮助我减重 7 千克，如果没有她，我绝对办不到！"这才有分量。

建立顾问小组。如果有知名度很高的人物愿意让你借用他们的名字，那将有助于你在目标市场中建立信誉。你与其他知名专家的关系，就足以为你的信誉带来神奇的加分效果。

你的照片　　客户见证　　顾问小组

服务的标准

　　服务的基本标准是任何体面的专业服务人士都应该遵守的规范，也是客户所期待的。这有助于建立信誉。许多专业服务人士所犯的错误就在于，以为只要靠这种服务标准就能让他们与众不同。

- **服务品质**。你应当提供高品质的服务。事实上，潜在客户都会期待你会提供高品质的服务。

- **方法与工具**。客户期待你会为他们采用最好的方法和工具。

- **迅速回应**。顾客和客户都期待你会迅速回应。如果你经营救护车服务，也许回应是最重要的条件；但如果你是摄影师，客户会期待你以电话和电子邮件回应他们，但不会想让你在星期天半夜三点忽然登门拜访，为他们拍家庭照。

- **资历**。对大多数专业服务者来说，客户对资历的重视程度可能不如想象的重要。当然，除非你从事医疗、法律或财务工作，客户会认为这些领域的资历很重要。你拥有针灸方面的学历不会得到很多加分效果，如果我找你针灸，我会预期你拥有足够的资历，如果墙上展示了你的证书，我就已经满足了。不过，要是你以针灸师的工作获得了诺贝尔奖，那一定会让别人大跌眼镜。

- **重视客户**。你的客户与顾客总是期待自己会受到重视。你必须永远让客户感觉自己很重要。事实上，不只是重要，你要让客户感觉太阳好像只为他们升起和照耀。要赢得更多客户非得如此不可。同时还要让客户感觉到他们为你建立信誉同样重要。

- **公道的价格**。通常人们不会只看价格来决定购买（虽然他们嘴上这么说），尤其是关系到个人满意度、家人或事业成败的情况下。低价不见得能帮助你建立信誉，事实上，如果你的价格比市场价低太多，许多潜在客户可能会怀疑你。我们会在后面讨论更多关于价格的问题。

千万不要相信这些服务标准足以让你与众不同，它们是无法帮你脱颖而出的，这只是老练的消费者对你的期望值罢了。但是，这其中的部分标准也可以让你从平凡中脱颖而出，领先同业的。

●服务标准不应该是例外的，而是预期之内的。

在业界建立权威与地位

成为业界权威人士和建立权威地位乍看是同一件事，其实不然，两者之间是有所区别的。在你建立权威地位前，必须先成为领域中的权威。你该怎样才能做到呢？尽你所能学习一切事物，就能让你成为行业中的佼佼者。

对大多数人而言，学习行业内的所有知识很快就会变得不堪重负，而且我们通常的第一反应就是"不知道的东西太多了"。这的确是好事。既然你无法找到自己需要而又不懂的知识，那么最好的办法就是先学习你之前没意识到自己不懂的知识，尽管这可能会有损你的自尊心。

当你想要成为业界权威并建立权威地位时，可能会立即意识到自己必须学很多东西、下许多功夫，因而会感到恐慌。当然，你不是唯一有这种感觉的人。也许你觉得自己懂得足够多了，可以当个专家，但一想到要大胆、公开地站在目标市场中，成为众目睽睽之下的焦点，你就可能有一种想跑回家喝老妈做的家常鸡汤的冲动，不免想逃之夭夭。

对某些人而言，一想到要大胆、公开地站在客户面前，接受众人的检验，就会产生严重的不安全感。当负面的思想掌控你时，你的脑海中就会浮现出许多念头，例如："我哪有资格自称专家？""我知道什么？""我是个冒牌货。""我知道的还太少。""也许我永远也达不到专家水平。""我甚至连怎么开场都不知道。"还有更糟糕的是："要是我站出来丑态百出怎么办？要是我看起来很蠢、很丢脸呢？要是大家都讨厌我呢？要是有人取笑或批评我呢？"这些怀疑听起来一定很熟悉吧？我打赌一定是的。但是，绝不是你一个人会有这样的问题。其实，完全不需要那样。如果你的负面情绪蠢蠢欲动，不妨把它锁紧在隔音柜里，让大胆和积极的念头来掌控，那才是真正的你。

你自己就是英雄

如果现在你已经避开消极思想的影响，但内心另一个声音又开始控制你并抱怨道："非做不可吗？"答案是坚定又大声地说："是的，你非做不可。"不管喜不喜欢，如果你希望事业成功，就必须成为专业领域的权威和专家，这是必要条件。成为业界权威人士和建立权威地位，对你事业的成功将产生重大的影响力，而且将给你带来丰厚的回报，值得你全力以赴和承担你想象中的风险（意思是根本没有实际的风险）。

成为业界权威人士将让你：

- 建立信誉和信任，让潜在客户对购买你的服务、产品和项目感到放心和信任。
- 让你以大开大合的方式传达信息给世界，加深目标市场对你的认识。当有人需要你提供的服务、产品和项目时，最先想到的就是你。

- 协助你更轻松地获得客户和增加销售，同时让你可以赚取更高的费用。它也会带给你优势，让你在提供同类服务、产品与项目的同行中独树一帜。你将变得与众不同。

- 让你建立起在目标市场里中所需要的知名度。

- 使你更容易转移和扩展到选定的新目标市场。

- 增强了你的信心，相信自己有能力提供最佳服务、产品和项目给最需要的人。

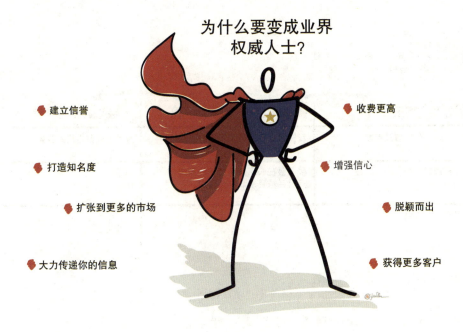

书面练习 5A

确认你想因什么而出名

首先你必须确认自己希望在目标市场因什么而出名。如果你想出名的方向太笼统，或你尝试在太多领域成为业界权威，那你将会不堪重负，并让目标市场感到困惑。

使用下面的可视化图表完成下列练习。

步骤 1：评估你的专长

- 你目前是哪些领域的专家？

- 你需要在哪些领域发挥专长？

- 你如何发挥你所需要的专长？

书面练习 5A
变成业界的权威人士
确定你希望出名的方向，你将如何做才能
把自己树立成业界的权威人士

◆ 现在我在哪里	◆ 我希望去哪里	◆ 我怎样到达那里
① 当前，我在下列领域是专家：	我需要在下列领域发展自己：	为了发展我自己，我将：
② 我可以做到如下的承诺，这让我成为专家：	我希望在未来做到如下的承诺，只是目前我感到有些困难：	为了得心应手地实现那些承诺，我将：
③ 我当前在以下方面比较出名：	我希望在以下方面比较知名：	为了在那一方面成为业界的权威人士，我将：

步骤 2：评估你可以做到的承诺

- 你必须向目标市场承诺并做到什么，才能建立起专家的地位？

- 你想向目标市场承诺并做到什么，但又感到有困难？

- 你需要怎样做才能很得心应手地兑现这些承诺？

步骤 3：评估你在哪方面知名或希望在哪方面出名

- 你当前在哪方面知名？

- 你希望在哪一点上出名？

- 为了在那一方面成为业界的权威，你需要做什么？列举出通过何种途径你可以学习到那些专业技能。

转变思想

我们已经讨论了建立信誉的条件和做法，而且现在你也了解了成为业界权威与建立权威地位的重要性。我也希望你很清楚成为专家是必备的条件。你可能认为下一步理所当然就是执行一套计划，以便在目标市场建立起权威地位，不过在这么做之前，你还得先进行一项重要的思想转变。

你在第四部分要学习的所有关于赢得客户的营销策略，都将以宏伟的方式让你站在目标市场前面，建立起业界权威的地位。你必须先学习和掌握专业知识，才能在执行赢得客户的六个核心自我推广策略的时机来临时，成为一位专家。你将进行关键性的思想转变，把自己想成是专家。如果你都不相信，又怎能说服别人相信呢？

开始把自己想象成并说成是业界权威——你所在专业领域里的专家。当时机来临，你开始建立目标市场的业界权威地位时，你才能做到从容不迫、对自己的专长充满信心。如果你已经把自己想象成是专家，那就大方地把它写在你的营销资料里。请记住，当你与潜在客户沟通时，要清楚地表达你知道什么、不知道什么。有信誉的人不见得无所不知，只是他们能很坦然地承认知之为知之，不知为不知。

另外还有一个强大的思想和情感因素对你建立业界权威信誉的努力有很大的影响。这个因素可能出乎你的意料，但千万别忽视或低估它，那就是人气的力量。

很快你就会变成业界权威人士，准备好提升自己吧

喜好的力量

现在你已经知道如何成为业界权威，并建立起业界权威的地位，接下来我们再来看看另一个更重要的因素：你的潜在客户是否喜欢你？他们是否认为你很讨人喜欢？我是说，真的喜欢你。如果他们不喜欢你，你建立业界权威地位的任何努力都只能是徒劳。这是一个很大的说法，而且可能出乎你的意料，不妨让我借用蒂姆·桑德斯（Tim Sanders）的著作《魅力赢天下》（*The Likeability Factor: How to Boost Your L-Factor and Achieve Your Life's Dreams*）里的几个观念，来说明这个主题。

桑德斯认为："如果深入探究，人生就好比一连串的人缘比赛。"我们都不想承认，不愿相信，也经常听人家说事业并非如此，但追根究底，如果你深受喜爱，如果你的魅力足够大，就有可能会被别人选中而赢得客户。

国际管理集团（IMG）创始人马克·麦考马克（Mark McCormack）经营着一家声誉卓著的运动管理与营销公司，他说："所有条件都相同的情况下，人们宁可与朋友做生意。如果所有条件都不相同，人们还是会和朋友做生意。"

在做选择时，我们需要遵循三个步骤：首先，我们会利用各种机会听别人怎么说，然后决定是否相信听到的事，最后，我们评价所听到的事，这时我们才能做决定。

在当今诱惑不断、注意力不断被分散的环境中，我们必须学会过滤并仔细选择关注的事物。这就是建立业界权威地位如此重要的原因。你的目标市场和潜在客户需要一个理由来证明你所传递的信息很重要，他们才会注意它，倾听它。如果你受人喜爱，他们就很可能会这么做，并且记住他们所听到的信息。

一旦获得他们的注意，每当听到你说的信息后，他们会相信你吗？这就是你的信誉发挥功效的时候了。每天都有那么多的广告信息从四面八方涌进——垃圾邮件、广播和电视广告、植入性广告等，我们对大部分信息都持高度怀疑态度。如果你有信誉，你所说的就很可能被相信。且慢！这不是人们决定是否相信你的唯一因素。你是否讨人喜欢同样是建立信任的关键因素。仔细想一想，你很可能会信任和相信你喜欢的人。桑德斯说："当人们喜欢信息的来源时，就倾向于信任这个信息，或至少会尝试设法相信它。"

别人对你的好感度在其评价中扮演着关键角色。如果你努力培养信誉，建立专家的地位，积极表现出令人喜爱的个性，你很快就会成为潜在客户最优先的选择。

做可信赖的和被人喜欢的人

既然你已经建立起了信誉和设立了服务标准，就可以聚焦在如何成为某个领域的权威人士上了。确认并专注于你最希望出名的方面，可以简化和加速这个过程，让目标市场很明确地记住你在某个领域的专长。这将有助于你创造一种合力，把你的服务、产品和项目以及所有用来建立业界权威的技巧集中起来，多管齐下，以达成这一目的。

想要以强有力的方式建立业界权威的地位，你必须向客户展示你是某一特定领域的专家。你必须专注、专注、再专注！让自己沉浸在书中、网上搜索和培训课程中，当然还可以考虑拜已经成名的业界权威人士为师。

即使关于目标领域你已经拥有了渊博的知识，仍需要不断学习。与时俱进不仅仅是一件好事，更是保持赢得客户必备的条件。我建议你每月至少读一本关于你所研究领域的书，这会增加你的知识，挑战不同观点，或者刺激你产生新创意和想法。这些都可以强化你提供给客户的价值。

最后，不要忘记好感度和它在你获得的信任程度中扮演的角色。如果一个潜在客户认为你是最有信誉和最受欢迎的，那么她很有可能会雇用你。就算所有条件都不一样，即使你不是最有经验和专长的候选人，如果潜在客户喜欢你，那么这种喜爱也会让你胜出并赢得客户。

1 运用标准化信誉建立工具
来强化你的专业性

2 支持6项服务标准
以维护你的信誉

3 变成业界权威人士并且
确定你希望出名的领域

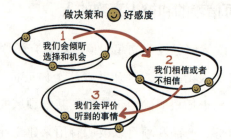

4 了解好感度会影响潜在
客户做决策的过程

第6章
顾客盈门销售周期

模块二
2.6 顾客盈门销售周期

把你和潜在客户简单的对话转化为
可信任的关系

1 先建立信任，让人们
进入你的销售周期

2 运用 6 个关键点
建立联络

3 思考六大核心
自我推广策略

六大核心自我促使策略

4 设计你自己的
信任建立销售周期

2.6 顾客盈门销售周期

> 看得太远不是明智之举，命运的链接只能一次处理一环。
>
> 丘吉尔

建立信任关系

所有销售行为都开始于简单的谈话，这可能发生在你与潜在客户或顾客之间、你的客户与潜在的被推荐者之间，或你的同事与潜在被推荐者之间，或你的网站和潜在客户之间。有效的销售周期就是基于把简单的谈话转化为你与潜在客户的长期信任关系。我们知道人们会向喜爱和信任的人购买东西，这对专业服务人士来说更是一项亘古不变的真理。

陌生人变朋友，朋友变客户

如果你得不到信任，不管你有什么计划、提供什么利益，或创造多少购买选项以满足不同的预算，都是白费力气。如果潜在客户不信任你，其他的都免谈，他们不会购买你的东西，就是这么简单，仔细想想，这可能就是你讨厌营销与销售的主要原因。你也许正试着向尚未建立起信任关系的人进行推销，但所有的销售一定是和客户对你的信任成正比的。

- 你的潜在客户在想些什么？
- 他们真的相信你可以履行承诺吗？
- 他们信任你拥有他们的个人机密资料吗？
- 他们是否喜欢为你工作的同事？
- 他们是否觉得跟你在一起很安全？
- 他们相信雇用你会带来丰厚的投资回报吗？

如果你希望那些激励人心的理想客户源源不断，让你的服务和产品供不应求，那么请记住，所有的销售都始于简单的谈话。当需求被满足并建立了一定的信任时，就是生意成交的时候。

《许可营销》（*Permission Marketing*）作者赛斯 · 高汀（Seth Godin）恳求我们停止使用营销信息去打扰别人，相反我们：

- 要贡献价值把陌生人变成朋友。
- 在获得他人许可的情况下，提供产品和服务，从而把朋友变成顾客。

顾客盈门销售周期在最有效的情况下，不但可以把陌生人变成朋友、把朋友变成潜在客户，还可以把潜在客户变成现在的客户，把过去的客户变成现在的客户。

为了设计销售周期，你必须先了解如何通过建立信任引导人们进入你的销售周期中。然后我们才能实际制定销售周期程序，以吸引让你应接不暇的客户，同时也能保持最大限度的诚信标准。

建立信任，增加价值，
你会将朋友变成客户

要点1：谁是你的目标客户

　　我们已经深入探讨了如何选择目标市场，但我必须再重申一遍以强调其重要性。你必须决定把谁带入你的销售周期中，越具体越好，在你的目标市场选一个人（或机构）以便聚焦注意力。

　　确认并针对一个特定的个人（或机构）做营销，可以让你建立起必要的情感联系，而情感联系是与潜在客户发展关系的步骤之一。当你用心与理想客户面对面说话或以文字表达时，他会感受到你的信息。他会感觉你真的认识并了解他的需要与渴望，因为你愿意认识和了解他们。仅仅这么做就已经让

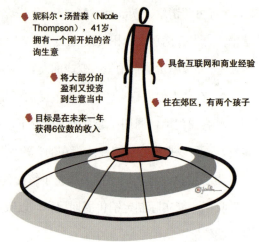

妮科尔·汤普森（Nicole Thompson），41岁，拥有一个刚开始的咨询生意

具备互联网和商业经验

将大部分的盈利又投资到生意当中

住在郊区，有两个孩子

目标是在未来一年获得6位数的收入

你在与客户建立信任关系的道路上跨出了一大步。

如果你不清楚谁是你的目标，想接触并吸引那些人，那就很难设计一套有用的销售周期，因为你会盲目追逐每个潜在机会，无法与任何人建立起稳固的关系。

用具体的词汇描述你的顾客。例如，注意我是怎样用上一个可视化图表来形容我的目标客户的。

要点 2：他们想要什么

你必须了解，理想客户或顾客想要的就是那些能够帮助他们解决问题达成目标的产品或服务，答案必须非常明确。如果你不知道潜在客户想要什么，就无法决定在销售周期中提供哪种产品和服务给他们。通常我们会提供自己所认为的相关产品，但现在你要把目标市场摆在第一位，真正了解他们想要什么，根据你能得到的信任程度以及销售周期的不同阶段，决定提供哪些产品或服务以满足他们的需求。

- 一本可以帮助他们获得客户的书
- 私人辅导
- 商业教练训练

要点 3：他们到哪里找你

你知道你的目标市场在哪里可以找到你吗？他们上网搜索？看杂志？还是打电话给朋友，要求推荐像你提供的那类服务？他们会相信朋友推荐的其他专业服务吗？如果你不知道，不妨调查一下现有的客户。你应该永远先问自己的新客户："你怎么找到我的？"如果你还没有客户，就问问同

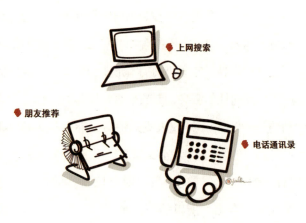

- 上网搜索
- 朋友推荐
- 电话通讯录

事他们的客户是如何找上门的。

要点 4：他们通常在什么时候找你

目标市场中的人（或机构）会在什么时候想要你提供服务？客户在个人生活或工作中产生哪些需求时，会购买你提供的服务？他们的需求要达到多强的程度才会决定购买你的服务？他们可能对你的工作感兴趣，你的提案也能引起他们的共鸣，但就是在遇见你时并没有强烈的需求。

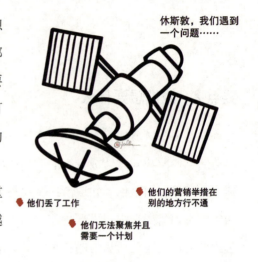

休斯敦，我们遇到一个问题……

● 他们丢了工作

● 他们无法聚焦并且需要一个计划

● 他们的营销举措在别的地方行不通

这是为什么赢得客户销售周期是如此的重要。你希望潜在客户更容易走近你的范围内，越来越接近你提供的核心服务，当需求足够强烈时，他们马上就能找到你，要求你提供服务。但是，你首先必须让谈话保持畅通。

要点 5：他们为什么选择你

这是个大问题。为什么他们要选择你？你是业界内声名卓著的权威？什么使你成为他们的最佳选择？你或你提供的解决方案有何独特之处？

我的强项是……

● 有……专长

● 有……经验

● 受过……培训

这一切的关键在于你必须暂时把谦虚摆一边，清楚而自信地表达自己，不能含糊其辞地回答这些问题。回想上一次你寻找专家协助的情形。当你第一次找服务供应商，询问他的服务、专长能否帮助你时，你最不想听到的是："这个嘛，我大概知道自己能做什么。""我或许可以帮你的忙。""我会试试看。"你必须要大胆地说："你找对人了。是的，我绝对可以帮你的忙。我是这个领域的专家，所以能帮上忙。"

说自己有帮助别人的优势、技术、专业和能力并非吹嘘，而是展示信心。这是潜在客户所期待、想要和需要听到的话。

要点 6：你希望他们如何联络你

一旦客户知道你提供的服务，你希望他们如何与你联络或建立关系？你希望他们打电话到你的办公室？还是希望他们在网站上订阅你的资讯？你希望潜在客户怎么做？我们自然是都希望潜在客户立即购买我们最高价的产品、项目或服务，但这种情形很少见。大多数潜在客户认识你并信任你需要时间。他们必须逐渐改变原先感觉你的提案风险太高的态度。

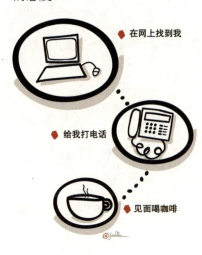

在网上找到我

给我打电话

见面喝咖啡

一般来说，你需要联络潜在客户七次，他们才会向你购买。这并不是绝对的，但是如果你了解这个原则，就能更快地踏上赢得客户的路途，不会期望业务可以一次谈成。"嗨，我是专业顾问，你想今天就雇用我吗？"这一套不管用，也绝对无法让你赢得客户。也许我们应该把"一步销售法"称之为"一次出局销售法"，因为那只会让你的销售一次就走进死胡同。

明确定义这六个要点将帮助你决定，你希望在销售周期的每个阶段提供给潜在客户什么，也将帮助你拟订最有效的销售周期。

书面练习 6A

建立联络的六大要点

在你知道下列六大要点的答案时，赢得客户销售周期将发挥作用。这个练习是用来确保你的销售周期中的主张可以和目标相吻合。

书面练习　6A
建立联络的六大要点
这六大要点的答案将要保证你销售周期的
主张能够与目标相吻合

① 我的目标客户
详细地描述一下

② 他们想要什么
举例说明他们要寻找的、
需要的、想要的

③ 当他们需要我提供的服务
他们到哪里找我

④ 他们何时找
在需要我的服务之前的活动

⑤ 为什么他们应该选择我
为什么我是最佳选择，为什么
我独一无二

⑥ 我希望他们怎样跟我联络
我希望他们做什么

使用下一页的可视化图表完成下列练习。

步骤 1： 谁是你的目标客户和顾客？形容一下她的长相。在这个问题上，要发挥你的创造力，尽可能多地列举出细节。

步骤 2： 你的潜在客户想要什么？

步骤 3： 你的理想潜在客户到哪里找你？

步骤 4： 形容一下有可能驱动潜在客户去寻找你的服务、产品和项目时的情形。他们什么时候会去找你？

步骤 5： 为什么你的潜在客户要选择你？（你敢跳过这一步吗？要勇敢！充分地表达自己。记住，这不是该谦虚的时候。）

步骤 6： 你希望潜在客户如何与你互动和联络？（注意：设立一条沟通的界线是发展一段信任关系的第一步。）

六大核心自我推广策略预览

在第四个模块中，你将用到赢得客户的六大核心自我推广策略，包括建立人际网络、直接联络、推荐、发表演讲、撰写文章和使用互联网为你的解决方案打造知名度。不过，你不用向客户推销，而只需简单地向客户提出一个没有进入门槛的邀请。

为了更好地做到这些，你需要为你的服务、产品和项目打造知名度，你可以用到赢得客户的六大信心自我促销策略。你可以自由选择赢得客户的策略：

1. 建立人际关系网策略；

2. 直接联络策略；

3. 顾客盈门推荐营销策略；

4. 公众演讲策略；

第11章 建立人际关系网策略

扩大你的人际关系网，并且贡献价值，而不是闲谈或想要操纵别人

第12章 直接联络策略

和潜在客户或推荐伙伴直接联络，但不是通过推销或骚扰的方式

顾客盈门

6

六大核心自我推广策略

第13章 推荐营销策略

学习如何分阶段地接洽推荐过程，以此让推荐人可以独立作业

第14章 公众演讲策略

站在潜在客户面前分享你的智慧果实

第15章 写作策略

用写作来教育你服务的顾客，同时推广你的服务

第16章 互联网营销策略

设计你的网站以获得更多的访客，同时打造你的社交网络

5. 写作策略；

6. 赢得客户的互联网营销策略。

顾客盈门销售周期的过程

如果你的服务进入的门槛高，那么对潜在的客户来说，尤其是对那些从没有使用过同

类服务的人，或以前合作过的服务提供商不佳的人来说，你的服务抽象且价格又高，即使你不这么认为。

顾客盈门销售周期是让客户通过几个阶段来决定是否购买你的服务或产品。

传统的销售流程在面对所有潜在客户时，都有相同的起点和终点，而顾客盈门的销售周期则可以让买方根据自己的状况，在销售过程中的任何一个时点进入。当客户的生活或工作情况符合你的主张时，他就会雇用你。如果你是抵押贷款的专家，我现在可能不需要你的服务，但也许六个月后，我看到一栋梦寐以求的住宅前院插着"出售"的牌子时，那时我不但需要你的服务，而且是马上就要。你发现形势的转变了吗？如果过去六个月你没有让我建立起对你的信任，或持续不断地给我提供价值（提醒你，是不求回报的），我就不太可能在为我的梦寐以求的住宅寻找抵押贷款时想到你。

以下的例子将让你了解整个过程的框架。你的销售周期可能包括3个、10个甚至15个阶段，这取决于你所在的行业或根据你提供哪些服务和产品而定。我将教给你管理有效销售周期的原则，以便制定适合你所在的行业以及满足客户需求的销售周期。

我会解释每个阶段，并举出真实的例子，来帮助你了解每个阶段的运作。我将要求你写下每个阶段的目标，以及你打算如何达成目标。如果你照着做，到本章结束时，你就可以制定出属于自己的赢得客户的销售周期。我会尽力让你更容易吸收和实施这些概念，如果你觉得太难吸收，请坚持住。这是顾客盈门系统的重要部分，了解这些技巧背后的原则，将确保你在赢得客户的路上一帆风顺。

在探索这个过程时，请记住，你只是在和另一个人谈话。你是在建立信任，以便未来能分享你的服务给另一个人。这是不是很有趣？

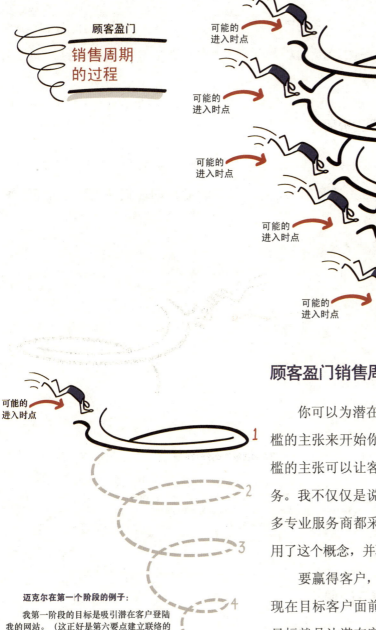

顾客盈门

销售周期的过程

可能的进入时点

1

2

3

4

5

顾客盈门销售周期第一阶段

你可以为潜在客户提供一个无进入门槛的主张来开始你的销售周期。无进入门槛的主张可以让客户无风险地体验你的服务。我不仅仅是说要提供免费的服务，很多专业服务商都采用这种做法。我深入运用了这个概念，并取得了很大的成功。

要赢得客户，必须每天让你的名字出现在目标客户面前。在第一个阶段，你的目标就是让潜在客户有所行动——访问你的网站、拨打电话、填写调查问卷，或者

可能的进入时点

迈克尔在第一个阶段的例子：

我第一阶段的目标是吸引潜在客户登陆我的网站。（这正好是第六要点建立联络的答案，"你希望你的潜在客户怎么联络你？"）为了做到这一点，我采用了公众演讲、写作和互联网策略。

是其他一些开始跟你有关联的行动。

你在顾客盈门销售周期第一阶段的目标应该既简单又容易衡量，例如吸引潜在客户到你的网站，或者你希望他们直接打电话到办公室。这些由你自己决定，但选定目标后，就要选择预先制定好的策略来达成。

顾客盈门销售周期第二阶段

你将在这个阶段展示你的知识、解决方案和真诚的愿望，免费地为目标市场贡献价值，同时不设进入门槛，他们也不必承担任何风险。这么做既可以让他们更熟悉你，也可以增进他们的信任感。

为了让潜在客户熟悉你的服务，你必须向他们提供解决方案、机会和相关资讯，以交换他们的联络方式，并允许你长期与他们沟通。那将是什么样的沟通呢？你可能针对他们迫切的需要和渴望，提供特别报道或研究报告。你可能赠送公开课程的打折券，以及像我在本章最后会详细说明的"总是给点甜头"。不管你的选择如何，都应该符合他们的需求，也必须是你希望他们能够认识到你可以提供的服务内容。

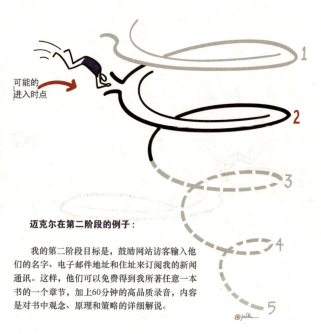

可能的
进入时点

迈克尔在第二阶段的例子：

　　我的第二阶段目标是，鼓励网站访客输入他们的名字、电子邮件地址和住址来订阅我的新闻通讯。这样，他们可以免费得到我所著任意一本书的一个章节，加上60分钟的高品质录音，内容是对书中观念、原理和策略的详细解说。

顾客盈门销售周期第三阶段

现在你已经开始和潜在客户建立起信任，接着就要发展和加强这种信任，并培养关系。

销售周期阶段三的目标有两个：一个是通过帮助潜在客户消化吸收你在第二阶段提供

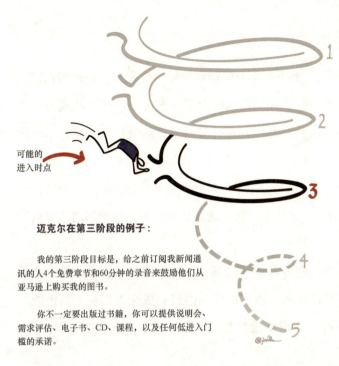

可能的
进入时点

迈克尔在第三阶段的例子：

我的第三阶段目标是，给之前订阅我新闻通讯的人4个免费章节和60分钟的录音来鼓励他们从亚马逊上购买我的图书。

你不一定要出版过书籍，你可以提供说明会、需求评估、电子书、CD、课程，以及任何低进入门槛的承诺。

的信息，以继续提供附加价值；另一个是形成销售。如果你送给他们一个免费报告，应该用自动化的电子邮件系统跟踪他们，让他们使用报告中的内容去创造价值。

你也应该提供让他们感到惊喜的东西，例如，赠送研讨会贵宾证，或者个人亲笔函，或者针对他们的迫切需求，在明信片上列出你所在专业领域的书单。记住，你贡献的价值不一定都由你提供，如果你推荐某种资源给潜在客户，他们会把从中得到的价值与你联系在一起。

正如我先前说过的，这是你在销售周期中首次附带提供给潜在客户需要花钱购买的服务或产品：一次现场课或说明会，也可能是你的信息类产品——电子书、正式出版的书籍、CD、DVD、练习册、手册、教科书或电话会议记录，所有这些都可以在本书中找到。在发出跟踪电子邮件时，将会让潜在客户知道你会提供哪些直接针对他们的迫切需求与渴望的机会，而且你将继续贡献价值而不求任何回报。

重要的是，你提供的收费主张不能有太高的进入门槛。不要操之过急而以最高价的成交主张来惊吓到潜在客户，正如你不会在第一次约会时就急于求婚，即使你很想马上成家立业。你要提供他们已经准备接受的东西，如果这时候他们已经准备好接受更多的信息，他们会向你开口的。当然，你要让潜在客户知道如何看你网页上列出的服务项目，让他们准备好时可以向你开口。

顾客盈门销售周期第四阶段

你现在的重点是帮助潜在客户转移到下一环节的销售周期。假设你在销售周期第三阶段的努力很奏效，有一位潜在客户买了你的低门槛产品和服务了，或已经成为你的客户，现在就是你给他提供更多价值的产品或服务的时候了。这是什么意思？举个例子：你的客户最近买了你的电子书，你发现有一个研讨会或说明会是相同的主题。如果要贡献更多的价值，你可以给他打电话，给他发电子邮件或者是卡片，邀请他参加研讨会，如果他不能参加，在活动过后寄给他一份相关资料。这是让潜在客户感觉超出期望值的绝佳方法。

等他获得超值的服务和产品后，你可以再提供下一个阶段的产品或服务，让他做出更大的投资。密切关注这个客户是如何一步步接近你的核心成交主张和更高价的主张的。这是正常的过程，但只有在你逐渐增进客户的信任，证明你的解决方案有效，能履行服务的承诺后，才会实现。

我相信人们只要读过我的书，认真做过练习，并采取必要的行动步骤，他们就能很好地达成目标。他们也会相信我能提供给他们有效的、有价值的主张，可以满足他们最切身的、个人的、当前的需求和渴望。不过，他们或许希望有机会了解书中的概念、原理和策略，听听我、我的团队或其他专业服务人士的现身说法。他们或许想获得更多的个人指导、进一步印证可信度、建立人际网络，也可能想沉浸在赢得客户的灵感激励中。

重要的是，在他们有机会阅读过我的

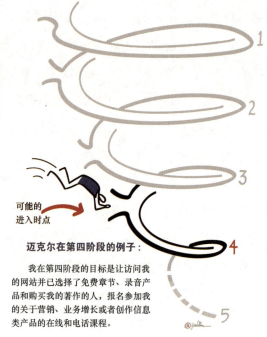

可能的
进入时点

迈克尔在第四阶段的例子：

我在第四阶段的目标是让访问我的网站并已选择了免费章节、录音产品和购买我的著作的人，报名参加我的关于营销、业务增长或者创作信息类产品的在线和电话课程。

书之前，我是不会尝试卖给他们在线或者电话指导课程的。我要让他们看到我和我的团队时感到兴奋，而且在他们参加现场课程前就知道我们可以提供有用的服务。预先知道我们可以提供服务，将给参加者带来更好的效果，而这也是我们的目标——帮助客户获得他们想要的结果。

顾客盈门销售周期第五阶段

你在第五阶段的目标类似于第四阶段：为潜在客户提供更高级的产品或服务，以帮助他们移向下一阶段的销售周期。这个阶段必须了解的是，不是每个进入销售周期的人或机构都会一路走下去，而且每个潜在客户移动的步调都不尽相同。

我的第五阶段目标是，让理想客户报名参加我亲自教授的教练和导师课程或者大型的现场活动。有许多人没有参加过在线课程就报名参加了现场的课程，有的人只是看过我的书，有的甚至还有没看过就报名了，原因通常是他们信任的人向他们推荐了我。这些是无法预期的，如果你做好规划来引导人们按部就班地接受你的主张，成功的机会就会更大。

我亲自授课的小班教练课程比在线和电话课程费用更高，因此我必须让参加课程的人知道，这是他们继续发展事业的最佳选择，并且相信我的团队会带给他们物超所值的服务。我想这就是你想要的。参加过第四阶段在线和电话课程的客户，应该会对这一点深信不疑。这也是销售周期如此有效的原因。你建立的是人们对你的长期信任，而这种信任和你提供给他们的价值是成正比的。你所有的成交主张和你获得的信任的程度也是成正比的。

作为专业服务人士，不用向别人兜售你的主张是最好的，你只需要贡献一个接一个的价值，直到他们相信你的服务对他们而言是最正确的选择。只有如此，他们才会获得更好的结果，对你的服务更满意，从而永远不会忘记你。

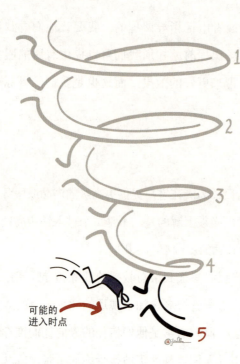

迈克尔在第五阶段的例子：

我的第五阶段目标是，让理想客户报名参加我亲自教授的小班教练和导师课程，或者大型现场活动，或者我的赢得客户的教练课程。

可能的
进入时点

书面练习　6B

当你做下面的练习时，切记：在潜在客户没有通过你提供的免费主张获益前，不要试图销售产品或服务。你要的效果是他们因和你会面而感到激动和兴奋。做下面的练习时，你只需把我举的例子中的主张简单替换成适合你的客户的主张即可。记住，你的销售周期将要包含有若干个阶段来满足你和你的业务需求。目前你的销售周期可能只有三个阶段，这没问题，它会随着你的业务的进化和成长而变化。

制定你自己的顾客盈门销售周期

使用下面的可视化图表完成下列练习并打造你自己的定制计划。

步骤 1：在销售周期内，你每一个阶段的目标是什么？换句话说，你希望客户采取什么样的行动？在视觉图标中的第一行里写下来。

步骤 2：你鼓励他们采取行动的策略是什么？你可以从自我价值提升的六大核心策略中得到启发。

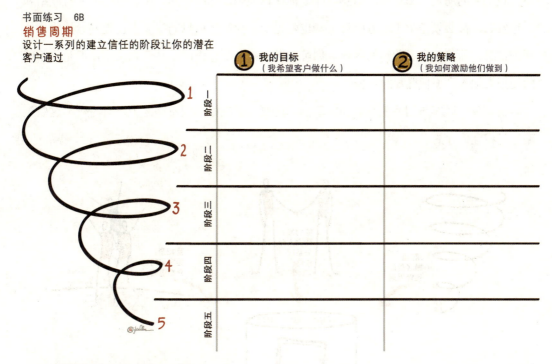

书面练习 6B
销售周期
设计一系列的建立信任的阶段让你的潜在客户通过

① 我的目标（我希望客户做什么） ② 我的策略（我如何激励他们做到）

阶段一 1
阶段二 2
阶段三 3
阶段四 4
阶段五 5

保持联络是销售周期中的关键

顾客盈门销售周期配合保持联络策略（你将在第 7 章中学习），效果最好。你的人际关系网络的规模，特别是网络上潜在客户人数的多寡，直接与你达成赢得客户的程度成正比。我强烈建议你勤于壮大你的人际网络，要覆盖潜在客户以及营销和推荐的合作伙伴。

有时，这样的网络被称之为数据库，或者追随者、订阅者，或者简单来说是你的名单列表。这个名单的内容应该是你获得许可与他们联络、且关系正在进展中的人。建立庞大的名单能让你在需要时较容易获得新客户。你要做的就是发送一份通讯或电子通讯，发布一篇博文，提出吸引人的主张，然后你就会有新的理想客户。我不是信口开河，一旦你与一大群人接触，他们将会允许你为他们的生活贡献价值。同时，你可以向他们提出主张，慢慢建立信任的关系后，赢得客户会变得很容易。

请注意，千万不要把那些你认为他们有可能会喜欢你的主张的人添加到你的名单列表中。我亲爱的朋友，那是垃圾信息，即使你认识他们。你所有的营销、跟踪、保持联络和信息发布，都必须是基于对方的许可。也就是说，你得让信息的接受者已经同意接收你传播的信息，即使包含了营销的内容。你可以发送私人邮件去联系并建立关系，但是你不能随便把人加入到那种群发的列表中。

请记住，顾客盈门系统是互相关联的，需要建立在好几项策略之上，有时候，这些策略也是相互依存的。

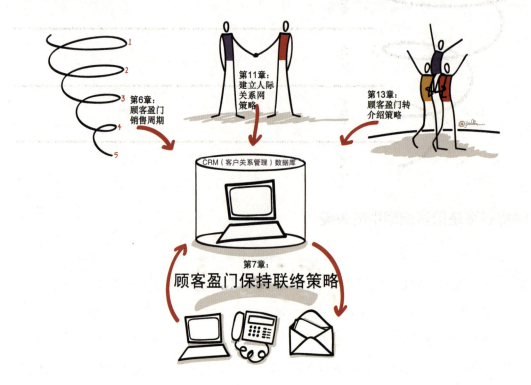

"总是给甜头"的主张

这个策略对专业服务人士来说，可能是世界上最有效的营销策略。你将在设计销售周

期时，制定自己的"总是给甜头"主张。当利用赢得客户六大核心自我推广策略时，你将指引潜在客户到达这项提案中。

人们一般不喜欢被推销，但是他们热爱被邀请，尤其是这个邀请与他们相关且是他们所期待的时候。这意味着，他们允许你去邀请他们。如果用这个解决方案去解决你需要销售的问题会怎么样？

会不会让你兴奋呢？我打赌一定会。在我开展业务的第二年，这个策略让我的收入直接翻倍。

我提供了一个名为"大格局思维革命"（Think Big Revolution）的免费赠送电话座谈（规模很大的电话会议）。每周提供一次，内容是协助人们提升格局，让自己更加看重自己对世界的贡献。有时候我会讨论如何争取更多客户的相关主题，有时候则讨论有助于参会者在事业或生活上更为成功的原则和策略。重点是可以免费入会。如果我遇见某个人觉得对他会有所帮助，就邀请他参加。

在我出版了第四本书——《大格局思维清单》后，我把每周的电话会议变成了24/7的在线社区，在那里很多有大格局想法的人可以交流并让美梦成真。会员永久免费入会，因为没有人拥有大格局思想。我也希望邀请你，而且保证你会喜欢。参与这项活动有机会为你带来许多价值，同时也在检验我的能力。这对我也是个大好机会，因为我不必推销任何东西。我可以提供真正有价值的东西给潜在客户和顾客，他们不必承担任何风险。如果他们很满意，可能会要求我提供更多的专业协助。

如果你接受我的邀请参加"大格局思维革命"，请登陆 ThinkBigRevolution.com 网站注册成为会员。你看这多简单，我们不是推销，而是很大方地邀请你来。

贡献价值、贡献更多价值

这个策略可行！我的 93% 的客户可以成功地赢得客户，他们全部运用了这种模式。这种"总是给甜头"主张的另一个附带利益是，能用来当作建立个人品牌的有效方法。你的"总是给甜头"主张，整合了"你将帮助谁，你将帮他们做什么"的声明（你帮助谁与帮助什么）

和"为什么做这项服务"的声明（你这么做在哲学层次上的原因）。

你在主张中贡献的价值满足了所服务对象的需求和渴望。这种无门槛进入的主张是销售周期的重要组成部分。当你持续不断地通过提供附加值和打造知名度来建立信任时，你将会吸引潜在客户进入更深层次的销售周期，让他们更加靠近你的核心成交主张。

你的"总是给甜头"主张之所以应该运用组合的形式有三大重要原因：

1. 你将时间杠杆化。因为你可以在最短的时间内和更多的客户建立联系。

2. 你将社群的力量杠杆化。当你把人们聚集在一起时，他们将能比你一个人创造出更多的能量和兴奋度。你的客人将看到别人对你的提案非常感兴趣，这是建立信誉的最佳方式。

3. 你将被认为是真正很酷的人。如果你在市场中因为有号召力而知名，这将会建立起你的声誉和提升你的人气。

请你贡献价值，再贡献更多一点。记住，你的潜在客户必须知道你所知道的。他们必须很喜欢你并且相信你的解决方案可以帮助他们解决个性化的、特别的、急迫的问题。做到这点的唯一最佳方式就是，邀请他们去体验围绕在你身边的人和事。

运用销售周期无条件地服务你的客户

你的销售周期可以根据需要分成很多阶段，让潜在客户越来越信任你的提案。仅仅是思考销售周期就能帮助你理清和扩展提案。只靠一个主张就可以确保你赢得客户的日子已经一去不复返了。市场充满了竞争和多元化，每一天世界各地都有无数斗志昂扬的专业人士，加入自由工作者的行列。越来越多的人受到感召，投入到服务大众的事业中。

利用顾客盈门销售周期扩充你的提案，将会改善你的商业模式——创造收入的机制，从单一收入来源的单一提案，变成多重收入来源的多重提案。

顾客盈门销售周期不只会帮你获取新客户，它的设计也有助于你无条件地服务现有的客户。卖服务、产品和项目给新客户，要比卖给已经从你身上得到价值的老客户难得多。对于成功的事业来说，不管规模大小，这一点毋庸置疑。这也是亚马逊网站如此成功的原因之一。一旦你成了它们的顾客，它们就知道你是谁、你的需求、你读哪些书，而且他们会继续为你服务。典型的抢客户心态是做一票就跑，顾客盈门策略则要求你做成一笔交易后问一问："我如何贡献更多的价值，并且继续为这个人（机构）服务？"这绝不是一件小事。

现在该你设计自己独特的销售周期了。别将自己局限在上述少数几个例子里，有许多方法可以帮你与客户建立起信任关系，让他们逐渐放心购买你的高价提案。利用想象力和创造力为自己量身打造最管用、感觉最自然和最能与你产生共鸣的销售周期。

1　首先建立信任，引导客户进入你的销售周期

2　运用六大要点去建立联络

3　思考六大核心自我推广策略

4　打造你自己的信任建立型销售周期

第 7 章
保持联络策略

模块二
2.7 保持联络策略

开发一种自动保持联络策略以建立信任与信誉的方式将赢得客户的信息传递给你的客户

1 一起使用顾客盈门的各项策略，并依赖你的CRM数据库搜集和联络客户

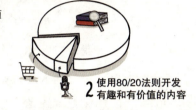

2 使用80/20法则开发有趣和有价值的内容

4 使用电子杂志来建立名单，销售产品，在自己定位成领域内的专家。

3 在常用工具中选择最佳的工具来传播你的内容

2.7 保持联络策略

> 保重身体，把事情做好，保持联络。
>
> 美国知名编剧、脱口秀主持人凯洛尔（Garrison Keillor）

这个策略可能是你使用过的最重要的营销策略。回想一下，你必须与潜在客户联络多少次，他们才会放心雇用你或购买你的产品。如果没有系统化和自动化的保持联络策略，你的办公桌上永远会堆满办不完的事。更重要的是，你会错失许多原本可能服务的对象。

缺少良好的保持联络营销策略，是大多数生意失败的原因。有的生意人喜欢实施信息

和提案轰炸让客户感到疲劳，从而退避三舍，有的生意人则毫无音讯，从来不联络客户，让客户感觉到不受尊重。

帮助你搜集联系人的策略

我敢肯定在职业生涯中你肯定遇到过成百上千的人，但却从不去联络他们。既然你作为服务业专业人士希望吸引到大量客户，那么我敢打赌你一定希望可以和这些人都保持联络。没关系，从现在开始你将会和所有你见过的人保持联络。为潜在客户和人际关系网建立数据库是非常简单的，因此，回想起那些你曾经见过但再也没有联络过的人是一件让人鼓舞的事。既然现在你将聚焦于建立数据库，你会马上赢得客户的。

但是，让我们暂时退后一步，因为我想让你看到更大的前景。你需要一个 CRM 数据库，有两大理由：

1. 搜集你希望影响到的客户名字和关于他们的有价值的信息。

2. 和他们建立联系并且跟踪你们之间的互动，使用工具来形成自动化的工作。

本书中有很多策略可以帮助你为你的数据库搜集更多的名单。它们是：

- 销售周期策略（第 6 章）

- 建立人际关系网策略（第 11 章）

- 推荐营销策略（第 13 章）

现在，我不仅仅是希望你搜集名单和联系信息，还希望你的数据库包含相应的信息，以便让你可以用一种个性化的和有意义的方式保持联络。所以请确保：

- 把人们分成不同的组别。

- 给每个人添加标签和关键字，说明他们的专业、兴趣和好恶。

- 给每个人添加注释，比如在何时何地以及你们是通过何种方式认识的。

我在后面会更加深入地探讨数据库。现在，我希望你看到这些策略协同工作的重要性，以及它们是如何依赖于数据库让你赢得客户的。

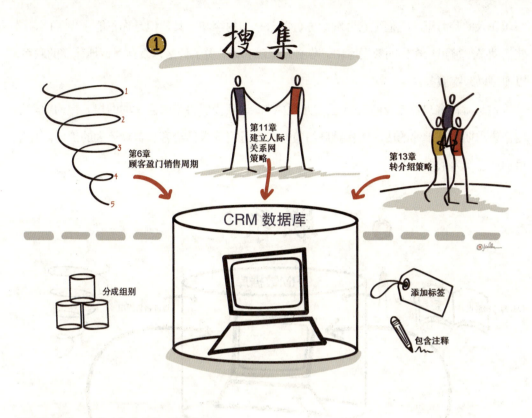

帮助你和人们建立联系的策略

让我们把注意力从搜集名单转移到建立联系。毕竟，如果我们不去建立有意义的、持续的沟通，那么为数据库搜集名单又有什么意义呢？和搜集名单一样，这本书也有帮助你建立联系的策略。它们是：

- 建立信任（本书的每一章都包含这一方面的内容）；
- 保持联络策略（本章节）；
- 直接联络策略（第 12 章）。

建立信任是实施每一个策略的前提条件，也是保持联络和深入联系的主要目的。记住，我们得到的只能是和我们获得的信任成正比的。

保持联络策略在一些主要方法上给出了一些深刻的见解，以此来确保你的名字可以始终印在人们脑海里。我们把它分解成你可以分享的内容和工具，但是你不能止步于此。这些活动必须被记录在你的数据库中。你必须追踪和谁、做了什么以及何时何地建立的联系，以便可以跟踪服务。

追踪潜在客户及专业的机会是成功的关键。这项投资将带来巨大的回报。你的顾客盈门销售周期将基于你的成功的保持联络策略，并且将要求你给客户贡献巨大的价值。我恳请你把它作为重中之重。

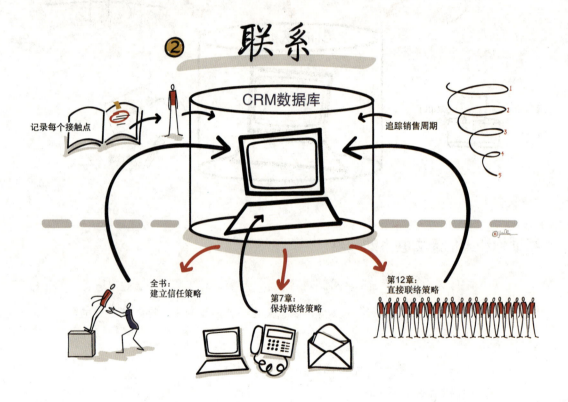

建立和管理你的数据库

选择一个数据库程序

要想有一套有效的保持联络策略，你将需要一个可靠而全面的数据库程序。有很多数据库程序可供选择，我无法在此罗列很多，但是我可以给你一些实例以及重要的参考标准来帮你做出选择。

有两种不同类型的数据库我希望你可以考虑：销售管理型和联系人管理型。CRM系统像 Infusion Soft、SalesForce、Goldmine 或 Act 都不仅仅被用来管理联系人，还可以管理销售流程，把业务线索转化为商机，进而再转化为客户。

然而，联络人管理系统，像微软的 Outlook 或苹果 Contacts（地址簿），也可以提供一种方式管理组织你公司和个人的联系人，其中有可能会产生销售机会。其他一些可能是社交或者推荐的机会，但很少会具备追踪和管理销售线索和销售机会的功能。联系人管理系统可以提供一种去记录的方式，但是不能提供很好的方法去跟踪销售流程，或生成报告，这些可能是你生意中最重要的环节。

为什么你需要的比地址簿要多

你可以看到我在这个问题上的观点：你需要开始使用一套CRM系统来管理你的销售流程，而不仅仅是管理联系人，要从业务线索产生管理到商机，再到销售转化。使用一套CRM系统将让你做到：

- **跟踪业务来源的表现**——有可能在业务线索方面少量的努力就将驱动大量的销售。
- **打造一个持续的销售流程**——就算只有一个人跟你一起工作，这也将帮助你看到是什么驱动了结果。
- **提升你的销售转化速度**——对新业务线索响应迅速，经常用电子邮件和电话进行后续跟踪，培育线索而不要求立刻转化。
- **追踪活动**——在你需要并承诺做到时，将事情做完。
- **过往表现的报告**——如果你都不知道做了哪些事，你怎么能知道你需要做什么呢？
- **预测未来销售**——如果你不知道自己要去哪里，又将如何到达呢？

输入数据

你当然需要得到新业务线索的联络信息，但这并不是大多数人的不足，问题在于他们并没有用这些信息做实际的事情。你必须将这些信息输入并存储在系统内，并且持续跟踪这些业务线索，久而久之，就能和他们建立起信任来。你的数据库的大小和你的生意的财务健康状况是直接成正比的。当然，最重要的是你和数据库中的人之间关系的质量。

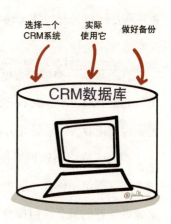

数据备份

一定要备份。你最好每天都备份。你的数据库就是你的生意的基础。如果你丢掉完整的支持结构，就不能替换它；否则你会重新开始，这将耗费你更多的时间和金钱。

和名单沟通的先决条件

两种保持联络的类型

我希望对两种保持联络策略做一个重要的区分：

1. **对个人**。后续一对一跟进潜在客户、同事和其他人。参考第11章的社交策略中的"提升一个档次"和第12章的直接联络策略中的"名单20"。

2. **对名单列表**。开发一个全自动的保持联络策略，可以使用广播电子新闻通讯、发送直邮信函、写博客文章，或者使用其他发布平台，比如社交媒体。

在本章接下来的内容中，我们都将聚焦于第二种类型，即和你的名单列表里面的人保持沟通。在你和你的名单列表沟通前，要具备两个先决条件：

1. 你必须和他们进行有意义的链接。

2. 他们许可你可以和他们联络。

只有名单还不够

让我们来看看我的客户芭芭拉的经历。在一年之内,她搜集了超过 5 000 人的名单进入她的数据库。这些名字都是被抓取的,但芭芭拉从来没有后续跟进过其中任何一个人,直到有一天,她针对名单列表进行了一次促销,她非常渴望地点击了发送键。大多数的回复都是在问她是谁,以及他们是怎样认识对方的。芭芭拉在那天学到了重要的一课:使用这个策略来确定最佳方案,并把它放在你的保持联络计划中!如果你的名单里有很多你不太熟悉的人,可以考虑使用第 11 章的社交策略中的"提升一个档次"和第 12 章的直接联络策略中的"名单 20",这将确保你的名单包含有意义的链接。

每次当我发送完信息后,这也是我主要的保持联络策略,我都会收到新的产品订单和咨询电话。每次都有!没有这种保持联络策略,我就不可能和人们建立起信任。

关于许可营销

当你见到某人并交换联络方式时,你就被许可去和对方沟通,可以开始或继续一段对你们双方都有价值的对话。但是,这并不等同于你可以把对方加入到你的邮件列表,让你发送你的新闻通讯或者其他自动化的或广播信息,因此你群发的信息都应该基于许可营销的原则上,提供给潜在客户一个自愿被你营销的机会。塞斯·高汀在他的书《许可营销》中说道:"只跟这些自愿的人说,许可营销能保证这些消费者会将更多的注意力集中在营销信息上。这可以让营销人员平静并言简意赅地讲故事。这也使得消费者和营销人员有了一个共生性的交换。"

许可营销是:

- **期待的**——人们希望听到你的消息。

- **个体化的**——信息是和个人直接相关的。

- **相关的**——营销的是潜在客户感兴趣的东西。

这是最基本的要求,因为你希望只和那些渴望和你交流的人沟通。当潜在客户期待你的市场信息时，他们就能更加敞开心扉。但是，如果当他们没有明确地告诉你发送新闻通讯之类的东西给他们时，而你却发了，那这就不是疑似垃圾邮件，而是百分之百的垃圾邮件，不论你认为他们有多认可你。

就像刚才说的，一旦你认识了别人，你应该问他们是否愿意订阅你的新闻通讯。告诉他们你发送的内容和相关信息的价值。如果他们接受你的邀请加入你的邮件列表，你就得到了他们的许可，给他们发送特别提案或是其他的促销信息。

使用 80/20 法则制作有价值的内容

你要确保你通过保持联络策略和潜在客户分享的资讯是相关的、有趣的、最新的和有价值的。这里有六大类内容可以满足这些标准，但是我准备把它们分成三组，这样更容易学习和记忆：

1. **分享有用的资讯**
   - 行业资讯
   - 策略、小窍门和技巧
   - 转载其他专家的内容

2. **分享你的解决方案**
   - 产品和服务提案

3. **展示并告知**
   - 有吸引力地保持联络
   - 特别通告

当你开发这些内容时，要运用 80/20 法则。其中 80% 的内容应该免费，作为有用的资讯去帮助你的客户。剩下的 20% 可以作为一个工具来展示你是谁，以及你如何帮助他们。切记这只是经验之谈，它需要通过长时间的建立信任和信誉的过程去实现。该法则的宗旨在于你要花 80% 的精力在客户身上，而用 20% 或更少的内容来谈论自己。有些专业服务人士却走错了方向，其结果也必然会让他们失望。

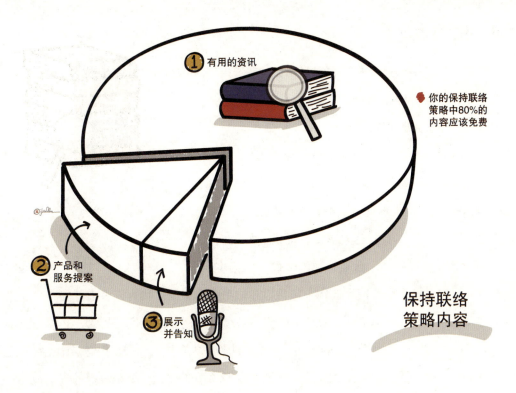

① 有用的资讯

● 你的保持联络
策略中80%的
内容应该免费

② 产品和
服务提案

③ 展示
并告知

保持联络
策略内容

分享有用的信息

行业资讯

与目标市场有关且鲜为人知的专业资讯，是寄给邮寄名单的绝佳材料。你把自己定位为专业领域内的专家，不断给现有的和潜在的客户提供价值，他们将会感激你愿意慷慨地分享资讯。

假设你是给瑜伽老师认证的机构，那么与瑜伽有关的专业标准、规范和法律，对你的目标市场将十分有用。如果你是项目经理，那么美国职业安全与健康管理局（OSHA）最新公布的规定将会非常有意义，就和安全问题一样有意义。

在你的保持联络策略中加入重要信息的推送，将会让潜在客户愿意保存这些资料以供日后参考，并把你作为日后选择的不二人选。

策略、小窍门和技巧

策略、小窍门和技巧，这可能是最常见的营销内容，并且是专业服务业人士最常使用的方法。这也是我寄给电子通讯订户最主要的资讯类型。

尽管这种以内容取胜的策略很有吸引力，但是许多专业服务者会担心赠送了太多的好东西。他们会担心："如果我免费提供这些宝贵的秘诀和方法，还会有人想雇用我吗？"当然会有人享受你提供的好处而从来不雇用你或购买产品，但不管你怎么做，他们本来就不会雇用你，说不定他们会向别人宣传你和你带来的帮助。我有许多推荐的客户是来自这些人，因为我曾经免费帮助过他们。大多数最后雇用你或买产品的人，必须先获得免费的资讯和支持，以便相信你确实能帮上忙。此外，大多数人会假设你懂得比免费奉送的东西还多。他们会想："哇！她竟然能免费赠送这么好的东西，要是我真的肯花钱，收获一定更多！"

转载其他专家的内容

我经常给现有客户和潜在客户提供他人制作的相关内容，以便尽可能提供更多的价值。这样我可以喘口气，不必一直忙着制作新内容，一方面也能提供超过我个人能力的东西，而且还可以与其他需要推广的专业人士建立关系。还有一点好处是，提供内容的其他专家也会投桃报李，把我推荐给他们的客户。这不是皆大欢喜的事吗？对刚创业的人来说，这也是最容易给潜在客户提供价值的方法。

同样地，如果你担心因为推荐别的专家的内容而失去顾客或客户，请回想顾客盈门的原则：有些人是你想服务的对象，有些人则不是，如果你帮助其他专业人士吸引来客户，这会让更多的人地参与进来，创造富足的生活。

分享产品与服务提案

如果不向潜在客户发出邀请，他们怎么知道你能帮上忙？如果不想尽办法服务需要帮助的人，那就是你的不对。事实上，我觉得你既有义务提供服务给需要的人，也需要知道你能帮上忙的对象是谁。有些人是你想服务的对象，有些人则不是，如果你帮助其他专业人士吸引来客户，这会让更多的人参与进来，创造富足的生活。

你还可以用另一个观点来看待这件事：大部分人通过购买的东西来表达自我。我们购买的东西就代表自己。想一想，如果你不认识我，但有机会看到我过去三个月个人与事业的财务报表，你就会知道我的相关活动，例如，我的生活重点、我的时间用在哪些事情上。要是我的财务记录显示每天晚上泡在酒吧，而且把大部分的钱用在拉斯维加斯的老虎机上，你就知道我看重哪些事。如果记录显示我每周参加冥想课五次，每月买四本书，一年花几千美元在儿子的私人辅导上，你会看到另一个具有不同价值观的人。

大多数人想从购买的东西中获得表达自我的机会，尤其是能为我们的生活与工作增添

◆ 我们通过购买表达自己的价值观。

价值的东西。要让你的服务对象通过购买你的产品和服务来表达他们的价值。

记住，表示对你的服务有兴趣的人，希望知道如何与你合作，因此你的责任在于告诉并向他们展示有哪些选择可提供给他们。

展示并告知

特别发布

如果特别发布与目标市场有关联、很重要，而且以一种学习工具的方式

呈现，这将是很有价值的保持联络的方法。但要小心，被滥用的特别发布可能变得离题而且讨人厌烦，因为内容可能流于自我宣传，例如自己公司的相关消息，但却与潜在客户相脱节。多少次你收到过的发布内容是告诉你关于某家公司的新发展或者管理层的改组的？你会真正关注这些吗？

相反，可以考虑发布一些你即将参加或者进行演讲的活动，并且伴随这个特别发布提供一些免费的内容。

有吸引力的保持联络方式

我真的希望你能充分地表达自己，你这么做会更容易、更快地吸引理想客户。要采用有吸引力的保持联络方式，你就要用有趣的、与众不同的或奇妙的方式保持联络，即使某些方法可能会暴露你的怪癖！记住，怪癖并不代表诡异或变态，而是代表不寻常、独树一帜和非同凡响。所以，你一定要发挥创意！再大胆一些！敢于与众不同！

例如，苏珊是一位美发师和爱狗人士。她每个月的保持联络内容包括一张她与"狗"的合影。在合影中，她和狗狗们的毛发总是被弄成各种有趣的、狂野的或奇特的发型和颜色。这不但有趣且令人难忘，而且完全是苏珊的风格！

你有什么不寻常、独特和有趣的怪癖，可以转变成有吸引力的保持联络策略吗？答案就是没有什么不可能的。

书面练习 7A

保持联络的内容策略

我们刚刚学到了三大类保持联络的内容：

1. **分享有用的信息**

   - 行业信息

   - 策略、小窍门和技巧

   - 转载其他专家的内容

2. **分享你的解决方案**

   - 产品和服务提案

3. **展示并告知**

   - 有吸引力地保持联络

   - 特别发布

现在到了应用的时候了。基于你的兴趣和你的目标市场的需求和渴望，在你的保持联络策略中你应该包含哪些最好的内容？你要运用什么样的创意来让那些内容做到相关、有趣、最新和有价值？

书面练习　7A
保持联络内容策略
头脑风暴能让你想出和你的客户保持联络
的内容创意来

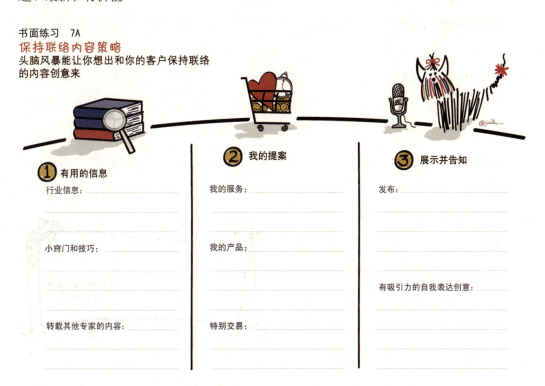

① 有用的信息

行业信息：_____

小窍门和技巧：_____

转载其他专家的内容：_____

② 我的提案

我的服务：_____

我的产品：_____

特别交易：_____

③ 展示并告知

发布：_____

有吸引力的自我表达创意：_____

使用下面的可视化图表完成下列练习。

1. 想一下你的目标市场，你要服务的那些人，可以更具体地想一下你的名单上的那些人。换位思考一下，什么是对他们最有用的信息。在空白处写下来。

2. 当你和名单里的人保持联络时，你想要提供什么样的产品和服务？在你写下这些的时候，想象一下你名单里的人有谁会珍视你的提案。

3. 你会和名单里的人分享什么样的特别发布？你如何确保这些特别发布是有用且相关的？在你制作特别发布时，是否可以用很有创意的方式来进行自我表达？

选择你的保持联络工具

一旦你拥有了可以分享给你的客户和潜在客户的很棒的内容，你就可以选择最佳的方式将其传播给他们。让我们看看最常用的工具：

印刷和邮寄新闻通讯。纸版的新闻通讯是有效的营销工具，但印刷和邮寄的成本很高，且耗时很长。

电子邮件新闻通讯。电子杂志（电子邮件新闻通讯）一直是和大量人群保持联络的最简单并且成本最低的方式。然而，营销人员需要关注消费者行为的发展趋势。大多数人会选择忽略电子邮件，因为垃圾邮件实在是无穷无尽。

社交媒体。根据你服务的市场，社交媒体的出现和兴起将作为可以取代电子邮件的保持联络的新工具。我们将在第 16 章中来探讨如何通过社交媒体（如 Facebook、Twitter 和 LinkedIn）和大量的人保持联络。

电话。电话是一个神奇的直接联络工具，并且是建立强大人际关系网的最佳方式之一。但是切记，陌生电话将被视为骚扰，这可不是赢得客户的方式。因此，等到你和直接联络的对象至少有一个积极的互动后，

● 理解各种沟通工具的利弊。

再打电话都不迟。

直邮。明信片和邮件适合一对一的联络，然而，如果你想联络一大群人，它们花费的成本和时间将会很高。当你发展成营业额上百万美元的小企业时，我们再来讨论把印刷直邮加入到你的营销方案中，来增加你和订阅用户以及联络人的接触点。

使用电子杂志来保持联络

现在，让我们聚焦在电子杂志上，它仍然是非常有效的营销工具，可以用来：

- 建立你的邮件列表，贡献价值，并且可以对你的订阅用户进行反复营销；
- 在传播好的内容和贡献价值的同时，销售产品和服务；
- 将自己定位成行业和专业领域的专家；
- 与所有对你的产品和服务感兴趣的人保持联络，并且只需要点击发送一封邮件就可以到达所有的人；
- 打造病毒式营销策略（通过人群传播，可以呈现出几何级数的增长），你的订阅用户如果觉得信息有帮助就会转发给他们的朋友；
- 制造持续不断的营销活动，成本几乎为零，却能带来丰厚的回报。

我自己的产品与服务的 90% 营业收入，是靠每月电子杂志 20% 的版面和其他直接电子邮件促销所创造的。更清楚地说就是，我从销售的追踪记录得知，90% 的线上销售直接来自每月通讯的回应，而非第一次进入网站的访客。我们将在网络营销策略的章节中讨论，妥善运用你的网站是吸引访客订阅邮件列表的绝佳工具，可将其作为长期传播价值和建立信任的平台。后续的跟踪联络则是为营销活动赚取收入与个人酬劳的手段。

电子杂志格式

你并不需要使用 HTML 格式的新闻通讯来展示你的专业性。有些最成功的网络营销者只使用纯文本格式的电子杂志，由于它们不太容易被垃圾邮件过滤器过滤掉，因此通过率较高。相对于纯文本格式，垃圾邮件过滤器会侦测出更多的 HTML 格式，因此过滤掉

HTML 格式电子杂志的比例会更高。

电子杂志排版

电子杂志版面的排版和内容一样重要。大部分读者不会从头至尾阅读电子杂志，他们会先浏览一下，如果题目看起来有关联又有趣的话，他们才会更加仔细地看内容。为了让版面支持你的内容，在写作任何保持联络或者促销的内容时应遵守以下原则：

- 用标题引起读者的兴趣，但要确保标题不会模棱两可。如果标题中没有包含可以告诉读者关于内容的关键字，他们就不会去看这篇文章；
- 用案例和客户见证来增加你的可信度；
- 从读者的角度出发来写内容；
- 写读者可以得到的好处，而不是特性和功能；
- 大声朗读你所写的内容，确定听起来很口语化，像聊天一样；
- 让同事或顾客评价你的电子杂志，并提出建议；
- 要具体且简洁，使用简单的概念。

电子杂志发送频率

电子杂志的发送频率取决于很多因素，但主要取决于你希望达成什么样的目的。有人每周发送一期电子杂志，有人每半个月一次，也有人每月或每季度一次。我也看过一些每日发送的电子杂志。我建议你从每月一次开始，在刚开始时，每周一次对你和订户可能负担过重，每季度一次可能无法达到你要的曝光度，而每日一次大多数订户又都吃不消。我每月发送一次电子杂志，在两次发行之间会寄送特别发布和促销信息。每周发送的频率已经让我的工作饱和，而对我的读者来说则刚刚好。

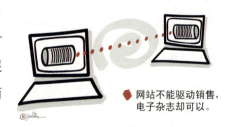

网站不能驱动销售，电子杂志却可以。

保持联络或者破产

顾客盈门的保持联络策略是确保你的营销工作有效和成功的关键。不同的顾客盈门策略可以为你的数据库搜集更多的名单，而你的数据库与保持联络策略相互配合，将会帮助你和更多你希望服务的人建立起联系。为了和他们更好地联系，你需要开发那些有趣的、相关的且有价值的内容。80% 的或更多的内容对他们来说将是免费的和有帮助的，剩下的20% 则是关于你自己的内容。

你可以使用很多不同的工具来传播这些内容，这些工具各有利弊。电子杂志是用来保持联络的主要工具，尽管它的成本很低，但却有高潜力的回报。

记住，和你的潜在客户保持联络是建立信任和信誉的关键。当你的潜在客户需要你、你的服务或者你提供的产品和项目时，这会让他们首先想到你。你的生意离不开这一点。

1 一起使用顾客盈门的各项策略，并利用CRM数据库搜集和联络客户

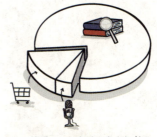

2 使用80/20法则开发有趣的和有价值的内容

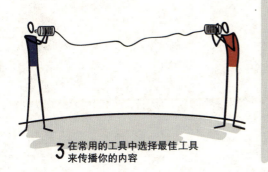

3 在常用的工具中选择最佳工具来传播你的内容

4 使用电子杂志建立名单、销售产品，在你的领域中把自己定位成专家

第 8 章
信息产品策略

模块二

2.8 信息产品策略

建立为你的目标市场服务而
设计的产品和项目

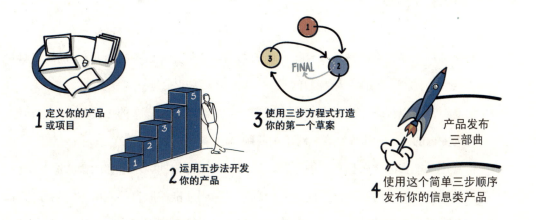

1 定义你的产品
或项目

2 运用五步法开发
你的产品

3 使用三步方程式打造
你的第一个草案

产品发布
三部曲

4 使用这个简单三步顺序
发布你的信息类产品

2.8 信息产品策略

知道到哪里去找到信息和如何运用它，这是成功的秘诀。

爱因斯坦

　　最能为你建立信誉的方法就是，专为满足目标市场迫切的需要与渴望而设计出适合的产品和项目。人们喜欢购买学习和体验组合的套装产品。它们易于理解，因此很容易被人们购买。你可能会认为你的服务不太容易被定义为套装的产品或项目，而且可能会有很高的进入门槛。

　　我想你低估了你的提案。当你持续不断地开发和强化你的顾客盈门销售周期时，你一定希望你制作的产品和项目可以涵盖销售周期中的多个阶段，其中包括最初的阶段，而这个阶段的进入门槛一定要低。

信息类产品的好处

我很喜欢通过制作信息产品创造出来的机会，因为你可以遵循一套简单的步骤来获得诸多利益。让我们快速浏览一下：

- 信息产品会为你创造多种的被动收入或附加收入来源。它们可以摆在零售商店或网络商店，摆在你的网站或合作伙伴的网站，全年无休，并且面向全世界。你可以接到来自世界各地的人的订单。

- 信息产品可以提升你对潜在客户、同行、会议组织者和媒体的可信度，这会让你成为业内的专家，让你在竞争对手中脱颖而出。

- 信息产品能帮助你发掘更多的顾客，进而加速销售周期。由于你的核心服务有较高的进入门槛，潜在客户可能需要跨越许多障碍才能说服自己雇用你。当你拥有服务项目所衍生的信息产品，并给潜在客户提供机会来测试你时，让他们不必冒大风险。如果他们与你建立了关系，并对你的产品满意，就会从低价产品升级到较高价的服务。

- 如果你利用公众演讲作为营销策略之一，具有搭配性的信息产品不但可以提升你的可信度，也可采用较低的成本向潜在客户进行营销推广，并给你带来额外收入。

- 信息产品可以将你的时间杠杆化。专业服务人士所面临的最大问题之一就是，无法摆脱用时间来换取金钱的模式。如果你只能用时间换取收入的话，收入就会受限于每小时的收费。例如，要是你在100位潜在客户面前演讲，你可能会卖出几打信息产品，每套50美元，那么你就能把每小时赚的钱从100美元提高到1 000多美元。记住，有意愿和有能力向你买信息产品的人会远远多于有意愿和有能力雇用你提供高价服务的人。

睡觉时也能赚钱

让你遇到的每个人
增强对你的信任

加速销售周期

建立一个低
准入门槛的选项

停止用时间来交易
金钱，这将限制你
的财富之路

提升你的每小时价格，
从100美元/小时提升
到1 000美元/小时

red

信息产品
的红利

天空才是极限

你可能处于创业初期，正要开始踏上提升实力之路，但正如史蒂芬·柯维（《高效能人士的七个习惯》作者）所说："以始为终。"如果你真的想建立长远的服务事业，就必须开始认真地去构思制作信息类产品。

别让制作信息产品的想法吓坏了你，你可以现在就着手，未来的发展将无可限量。例如，你可以做下列事项：

- 出版一本免费的书；
- 写一本电子书；
- 制作一张有声 CD；
- 写一篇文章；
- 写一本练习手册；
- 编辑并出版一本励志名言录。

以下是关于你的第一套信息类产品的注意事项：

- 尽量保持简单；

- 别花过多的时间在制作上，或觉得必须做到尽善尽美；

- 别担心它太富于创意；

- 秘诀、指南或资源手册都是很理想的形式；

- 继续以任何方式努力给客户贡献价值。

在考虑如何制作信息产品时，先考虑各种不同的可能性，并问自己："我如何发挥现有的知识和经验，以便在最短的时间内制作并发布一项高品质的产品？"

要确定你没有忽略以前创作过的内容。如果你曾写过文章，就拥有可以转换成多种格式的内容。你可以很快把文章转变成电子课程，以它为基础来制作电子书、印刷书或项目的素材，你也可以拿来当作说明资料及电话课程的导言。一篇文章可以任意转化成上述格式之一或所有格式，你只靠一项内容就可能创造出整个销售周期所需的信息产品。

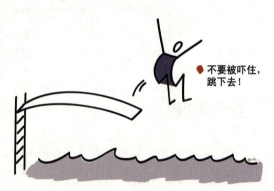

不要被吓住，跳下去！

书面练习　8A

定义你的产品或项目

选择一个你现在最感兴趣的产品创意，这个创意应该是最重要的也是最符合目前业务需求的。如果你刚开始做生意，必须建立数据库，你需要先制作可以争取业务的前导产品，以便通过免费赠送的方式创造机会来联络潜在客户。接着你再慢慢把免费的信息产品转变成其他收费的信息产品。如果你已有争取业务的前导产品，而且也准备制作了高价的信息产品，如有声课程，那就放手去做！

当定义产品时，你需要考虑的不仅是产品的类别，还需要知道你的目标客户是谁，你的产品承诺是什么，你会提供怎样的利益和解决方案，你的产品传递出去的形象和感觉以及内容的呈现方式。现在，保持简单。使用下面的视觉工作表把你脑海中的创意写在纸上。

步骤 1：你最想制作哪一类产品和项目？你最热衷给目标市场制作哪种产品？

步骤 2：你将给谁提供这项产品？（目标市场）

步骤 3：你的目标市场将从这种产品中获得哪些利益？

步骤 4：你希望产品的外观和感觉如何？传达何种形象和情感？

步骤 5：你可能把相同的内容放在哪些不同的形式下，定位于何种价位，以及如何用在销售周期中？

书面练习　8A
定义你的产品
记下你最初的想法
并选择最让你感到兴奋的产品创意

产品类型	目标市场	信息产品的红利	外观/感觉	我将怎样杠杆化
我最想要打造的	谁会接受我的提案	我的产品带给他们的	或情绪的传递	将这些内容转换成不同的格式

书面练习 8B

评估需求

你必须很清楚自己对产品或项目的构想，而且你的产品或项目必须符合目标市场的需求。不管你多喜欢创作，如果目标市场不需要它，那就等于白做。

使用下面的可视化工作表回答下列问题：

步骤 1： 为什么目标市场现在就需要你的特定产品？

步骤 2： 你的产品需要提供什么利益，才能满足顾客的需求？

步骤 3： 你的产品与市场上同类的产品有何不同？

书面练习 8B
评估客户对你的产品的需求
确保你的产品或项目
可以满足目标市场的需求

为什么我的目标市场需要
我的产品（现在就需要）

我的产品传递了什么价值
以满足我的目标市场的需求

我的产品如何形成差异化
和同类产品相比

红利，你如何通过贡献更多的价值在你的产品中，带给客户超过预期的收益？如果你不确定目标市场需要哪些特定类型的产品和项目，那么市场研究将帮助你了解应该制作哪些有价值的东西。向你的朋友、客户和社团做一些调查，例如，线上的讨论组，或本地组织。用谷歌搜索引擎搜索你的目标客户可能会用到的关键词，这是最佳的调研工具。

产品开发五步法

我敢肯定你的书架上一定摆满了许多从其他专业服务人士购买的产品和项目。实际上，你现在看的这本书就是。

你有机会制作专属的自我表达产品或项目。我使用"自我表达"这个词是因为这类产品和项目可以给你机会在表达自我的同时，服务于你的目标市场。这正是成为专业服务人士的美妙之处！

开发产品的五个简单的步骤将在下列小节中讨论。

步骤1：选择你扮演的角色；

步骤2：选择你的产品架构；

步骤3：选择有助于销售的标题；

步骤4：建立你的目录；

步骤5：创作你的内容。

步骤1：选择你扮演的角色

不论你选择制作什么产品，作为作者，你实际上就是在讲一个故事。讲故事时，你需要选择你在传播内容时所希望扮演的角色。我会使用书籍来阐述我的观点，因为书籍是简单且超级有效的信息类产品。

- **专家**。这正是我已经做到的，我的理论已经验证了这是有效的，这也是我身为本书作者所选择的角色。当然你也可以选择成为疯狂的教授、犹豫的英雄，或是隐居的天才。

- **访谈者**。编写来自其他专家的信息。你可以通过访问各个领域的专家，编写出一本书。米奇·梅尔森（Mitch Meyerson）的书《在线营销巨星的成功秘诀》（*Online Marketing Superstar*）就是一个例子，他访问了超过 20 位世界上最知名的互联网营销专家，然后把访问内容编写成了一本书。

- **研究者**。搜集目标市场需要和渴望的信息，把结果编写成一项满足这种需求与渴望的产品。研究工作可以让你今后变成专家。吉姆·柯林斯的书《从优秀到卓越》（*Good to Groat*）就是一个绝佳的例子，这本调研报告，让他变成了研究"大公司如何创造卓越绩效"方面的权威。当然，你不需要像柯林斯一样做长达十年的研究，但道理是相通的。

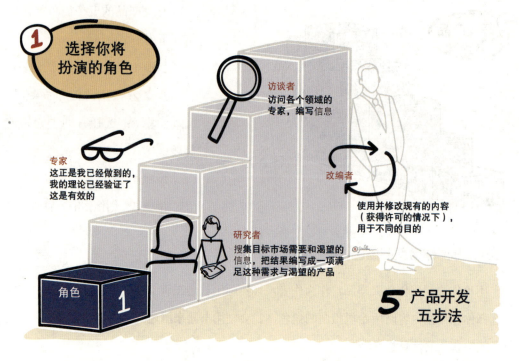

- **改编者**。使用并修改现有的内容（获得许可的情况下），用于不同的目的。《游击

营销》（*Guerrilla Marketing*）系列书籍就是很好的好例子。杰·康瑞德李文森（Jay Conrad Levinson）创造了"游击营销"的品牌，后来许多作者合作改编其内容，运用在不同的领域，例如大卫·佩里（David Perry）编写的《求职游击营销学》（*Guerrilla Marketing for Job Hunters*）。

步骤2：选择产品架构

你需要一个架构来组织并呈现你的内容。架构不但可以让你更容易开发内容，也有助于潜在客户理解，并从中获得最大的价值。

记住，你的内容也许可以用一种以上的架构来呈现。一般来说，资讯产品或项目会结合两种以上的架构，以下是六种最常用的架构：

1. **问题/解决方案**。陈述一个问题，然后提出解决方案。托马斯·克拉姆（Thomas F. Crum）写的《冲突的妙用：把你的工作变成艺术》（*The Magic of Conflict: Turning Your Life of Work into a Work of Art*）就是以这种架构在写作。他指出了人们在生活和工作中面对的诸多问题，并以合气道的哲学原理来呈现这些问题的解决之道。

2. **数字化**。把你的产品开发成一系列的要点或课程。这个方法较有名的例子是史蒂芬·柯维的《高效能人士的7个习惯》。

3. **按顺序**。有些产品必须以特定的顺序呈现，因为这是唯一符合逻辑的方式。步骤A必须在步骤B之前，例如格莱德·B·柯蒂斯（Glade B.Curtis）与朱迪斯·舒乐（Judith Schuler）合著的《怀孕40周完全手册》（*Your Pregnancy Week by Week*）。

4. **模块化**。本书是一个最佳的例子。它包含四个模块：打基础、建立信任与信誉、完美定价体系和傻瓜销售系统以及顾客盈门六大核心自我推广策略。每个模板各自都有按顺序架构呈现的概念。因此，你可以看到本书有一个主架构（模块）和一个次架构（顺序）。

5. **比较/对照**。以数种情形或可供选择的方式呈现你的创作，然后加以比较和对照。吉姆·柯林斯在他的《从优秀到卓越》一书中，就对成功和不成功的企业进行了比较和对照。

6. **参考**。参考，顾名思义，就是对目标市场成员具有价值的内容。信息最适合以参考的形式呈现，例如，理查德·拜扬（Richard Bayan）所著的《销售用语》（*Word that Sell*）一书就是收集了大量有助于销售的词汇和短语。

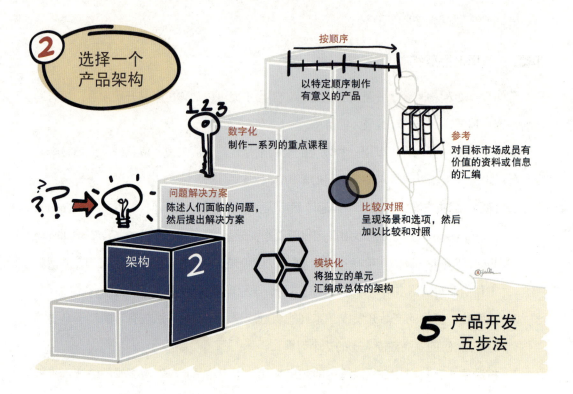

步骤3：选择有助于销售的标题

产品或项目的标题对能否取得销售起着重要的作用。标题可以先抓住消费者的注意力，让他们决定是否进一步查看内容。标题必须吸引潜在客户，让他们想要知道的更多。消费者读到或听到你的标题时，应该就能清晰地判断出你提供的内容。花时间写出吸引人的标题，对结果会有重大的影响。以下是六种你可以根据需求而选择的标题：

1. **悬疑**：《家庭主妇的秘密生活》

2. **讲故事**：《成功创业家之路》

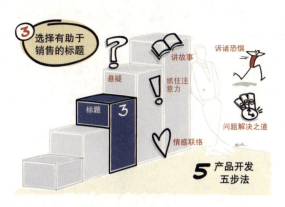

3. **诉诸痛苦或恐惧：**《领导人的十大恐惧及克服之道》

4. **抓住读者注意力：**《约会的六大致命错误》

5. **问题解决之道：**《把事情做好的七大关键》

6. **情感联络：**《儿子的不幸是如何教导我发挥生命潜能的》

步骤4：建立目录

目录是组织内容的另一个重要部分，可以让内容更清晰呈现给潜在客户，也便于客户理解。无论你在呈现的内容里扮演了什么角色，制作产品都能赋予你专家的形象，目标市场将会视你为专家。

目录应该有条不紊，客户在浏览你的目录时应该易于理解概念和主要论点。建立目录也可以让你把内容分解成容易处理的几个部分。当你想到要写一篇简单的文章、特别报导或一本书时，刚开始可能会让你感到不堪重负，但通过目录或大纲把整个过程分成几个小步骤，就会让你觉得容易些，也没有那么多恐惧了。

当建立目录时，应该包含以下几个要素：

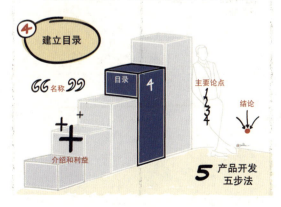

1. **产品名称**。在步骤三中，你已经确定了有助于销售的标题，你只需确保将其涵盖在目录中。

2. **介绍和利益**。这涵盖了产品的利益、消费者体验后的最终结果，以及 FEPS（财务、情感、健康、精神）等方面的利益。

3. **主体或主要论点**。分解为可管理的小块来传递该信息类产品所覆盖的范围。确保主要论点是以提供解决方案为导向的，而不是基于比喻或者充满神秘感的。让他们使用可以检索到的关键字，这样他们就知道这个产品是否适合他们。

4. **结论**。再次强调最终成果，并告诉他们下一步做什么。

书面练习　8C

开发你的产品

使用下面的可视化工作表完成下列练习。

步骤1：什么样的角色最吸引你，或者最适合你的产品和项目，为什么？

步骤2：你选择什么样的框架，为什么？

书面练习　8C
开发你的产品
选择你将扮演的角色和使用的框架，头脑风暴出标题，写出你的目录

① 我将扮演的角色：
☐ 专家
☐ 访谈者
☐ 研究者
☐ 改编者
☐ 其他 _____
为什么：

② 我将选择的架构：
☐ 问题/解决方案
☐ 数字化
☐ 按顺序
☐ 模块化
☐ 比较/对照
☐ 参考
☐ 其他 _____
为什么：

③ 最适合的标题的种类：
☐ 悬疑
☐ 讲故事
☐ 诉诸恐惧
☐ 抓住注意力
☐ 问题解决之道
☐ 情感联络
☐ 其他 _____
标题创意：

④ 我的目录大纲：

步骤 3：选择一种适合你的产品或者你发现的特别有吸引力的标题，可以头脑风暴出很多不同的标题。要从中找到乐趣，让你的创意源源不断。

步骤 4：设计你的目录。记住下列问题：

- 了解你的内容的步骤是什么？
- 这个流程是否符合逻辑并且易于理解？

步骤5：创作内容

利用目录，制定一个完成各个章节初稿的时间表。如果你每天写一两段，就可以在一周内完成一堂在线课程，或一两个月完成一项较深入的产品或项目。

步骤 1：按照我们刚学到的五步法来开发你的产品结构。为了缓解潜在的沉重负担，只要把数据全都罗列出来，快速得到你的想法即可。不用编辑和判断。

步骤 2：使用下文的简单三步方程式起草你的第一个草稿。在这个节点还不用期待最终的结果。

步骤 3：一旦有了最初的想法，你就可以开始进行修订了。产品就是过程中的工作。在这一环节，可以写你的第二版草稿，之后是第三版，直到完成最终版本。

三步方程式起草你的第一个草稿

第一部分：基于你的目录，选择二至五个要点去支撑每个部分的内容。

第二部分：用好的内容充实每个部分的要点。

第三部分：重复第二部分直到你创作完成最终的作品。

是的，就应该这么直接。我甚至想跪下来求你不要做得太复杂。保持简单并聚焦于完成它，这样你就可以着手开展生意并实现顾客盈门了。

简单三步产品发布顺序

把你的产品放在网站上是非常好的主意！这是很棒的开始。然而，如果眼下没有大量的访客访问你的网站，就算你提供很多免费的东西，也不可能获得很多订单。

另外，如果你希望让你的新产品一鸣惊人，可以考虑使用下列的简单三步产品发布顺序，将你的产品发到那些有迫切需要的潜在客户手里。

步骤 1： 发布前

步骤 2： 发布

步骤 3： 发布后

步骤1：产品发布前

当产品完成后，你可能倾向于立刻开始进行促销。不过请先缓一缓，你要考虑怎样运用好的内容去预热。你可以使用视频、音频、PDF 和其他非常容易让他们消费的产品形式。（马上我会告诉你如何开始建立你的观众群体。）

在发布前这个阶段，你需要聚焦于持续地贡献价值。这种诱人的内容应该可以让你的听众联想到你即将推出的产品可以解决他们的特定问题，并承诺可以达成想要的结果，而不仅仅只是谈论产品本身。早期的发布前阶段可以持续几天或者几个星期。它让你有机会评估听众对于你的内容的反馈，并随时做出相应的调整。

例如，一位力量型健身教练开发了一套全新的视频，教别人用哑铃每周锻炼三次，一次 30 分钟来提升运动表现，那她就可以考虑写一系列的文章、博客以及在线新闻通讯，包含产品中的两分钟的视频片段链接。这个内容可以发到她的邮件列表、博客以及文章和新闻通讯目录上。这种设计既可引发别人对这个主题的讨论，又可以自然地推销产品。同时，在发布产品之前，她还可以鼓励听众思考特定的问题及其解决方案。

在发布前的早期阶段结束时，你可以在你提供价值内容的同一个地方提一下即将面世的产品。既然这个话题已经在你的目标群中得以讨论并激发了他们的兴趣，那就是时候步入发布前的后期阶段了。当你宣布你即将面世的产品的细节时，可以再次抛出一个有价值的提案，让你和读者都认为你已经经过深思熟虑了。

① 发布前检查表：

☐ 管理买家信息的数据库软件　　☐ 购物车和商户账户　　☐ 销售页面

☐ 发布博客　　☐ 可邮寄或下载的完整产品

之后，你还要通过增加额外的特性、机会和红利来不断接受更多的价值：

- 跟进实施教练的电话指导

- 额外的视频、访谈或电子书

- 快速上手的 PDF 格式指南

- 相关的软件

- 现场活动

- 无骚扰的保证

此时，潜在的买家应该可以感觉到他们获得了巨大的投资回报，价值将远超成本。你就可以开始尝试聚焦在你的产品无与伦比的利益以及可以解决的问题上。希望当你发布产品时，你的潜在买家对你的产品不会有什么反对意见，并且相信你的产品具有无比的能量，能带他们去他们想去的地方。

记住在发布前要测试流程当中的每一个环节。我保证你会遗漏一些东西，至少我经常是这样的。进行样品订购试运行以确保你解决了所有的错误。用最常用的浏览器查看你所有的网页和视频，包括 IE、Firefox、Chrome 和 Safari。如果你期待在产品发布时网站的流量很充裕，那就要注意检查你的网站主机、商业账户供应商以及购物车解决方案。有时，如果他们检测到不寻常或者与平时不同的活动，主机托管公司会冻结你的账户。这种情况经常发生并且会严重破坏你的产品发布。

步骤2：产品发布

总体而言，产品发布的成功取决于你的提案结构。你怎样制作的，就会产生怎样的结果和持续时间等。智者无需多言，但要小心你鼓励消费者购买时所使用的技巧。我会在第 9 章讨论定价模式，这里暂时不讲。我建议你仔细思考，在你推广产品时，你希望被认为是怎样的人？你是否会用稀缺性的原理来营造一个动态的、高强度的产品发布？你是否会尝试激起他们内心的恐慌，如果他们没有立刻行动就将失去机会，或者他们不买你的产品就将永远无法前进而导致失败？或者，你是否会基于诚信的原

则，打造一个理由充分的、感性的和适合的产品发布会？听着，我对于基于诚信的而不是夸大其词和咄咄逼人的限时限量的提案是可以接受的。有一位非常知名的营销专家说过："如果你没有骚扰你的一些潜在客户，说明你推动的还不够充分。"我并不太认同这种观念。你怎么做营销就能体现出你怎么做人。考虑一下你代表的是什么，并且你希望通过何种方式而出名。还有，买你产品的客户希望如何被对待。

好了，现在就是黄道吉日，是时候按下邮件的"发送"按钮了，你的产品就要发布在社交网站、博客以及其他相关的平台上了。这些地方都将会给你辛勤的工作带来回报。做个深呼吸吧。

不要对流程施加压力。你已经知道发布是不可能完全按照计划来进行的。很可能比原计划的还要好。发布的活跃期通常可以持续三到七天，这取决于你的喜好。第一天或第二天是凸显紧迫感的绝佳时点，因为时间和存货都会递减，你可以分享新的和让人激动的客户见证或宣布附加的奖励。

步骤3：产品发布后

在产品发布后的几天，销售额就会下降。有很多方法可以重新点燃销售。例如，你可以宣布一个附加的奖励。这可以鼓励那些观望的人们按下购买按钮。这个奖励也可以取悦之前的买家，因为他们得到了意想不到的增值服务。也许你可以为那些购买产品

的人举办一场免费的现场活动？或者，你可以增加一个产品到提案中作为最初产品的补充？就像这本书提供的免费试用软件，你可以应用从本书学到的策略和技巧让顾客盈门软件帮助你做营销。登陆www.solid.ly 去免费试用吧。

当你结束发布时，你该对产品做些什么呢？你是否计划用一个不同的价格在网站上继续销售，或者你把产品下架，并在六个月后

进行第二轮发布？如果你要把产品下架，一定要确保使用一个特定的网页来感谢访客对你的产品的兴趣，并建议他们注册另一个网页表格，这样当产品再次发布时，可以第一时间通知他们。这种方法可以让你在下一次产品发布前就赢得潜在顾客的信任。

合伙人和联盟

当你还没有大量的追随者或者订阅者时，或者即使你有，开发更多客户的关键之一就是和别人合作，也就是我们常说的成立合资公司或联盟。

已经针对你的目标市场建立了信任关系的其他专业人士，很可能愿意和你合作推广你的产品，从而获得利润分成或者其他激励。要注意我说的是可能。当我们讨论第 12 章直接联络策略时，你可以学到相应内容，在你和成功的专业人士达成任何合作前，最好已经和他们建立起一定的关系并了解什么可以激励他们。你也许会惊讶地发现他们对于财务方面的好处并不感兴趣。当你的合作伙伴推广你的产品时，他要动用相当多的社会资源和专业能力。对于你的订阅者和粉丝来说，每一次促销也都会伴随着机会成本的产生。准备好阐述你的提案的可行性和理想的衡量标准。你需要有一个完善的佣金结构，也要有注册率和转化率的详细分析。当你要求别人为你推广产品时，你实际上要求的比你此时可以认识到的还要多。你要求他开放的是他最引以为豪的商业资产——他们和订阅者之间已经建立的信任。在你尝试任何形式的合作营销活动前，先要阅读有关"直接联络"的章节。

如果你希望合资公司的伙伴乐意和你一起工作，你最好看起来信心十足、和蔼可亲。一旦你的合作伙伴到位，你要为他们准备好下列材料：

- 在发布前和发布阶段使用的电子邮件文案备份。
- 鼓励并提振合作伙伴的有奖竞赛，同时又有友好的竞争氛围（在开始任何的竞赛前确保你得到合伙人的同意）。
- 用一个独立的、有密码保护的合伙人博客来更新比赛信息，并持续激励他们去推广你的产品，就好比在产品发布当中的发布一样。

- 在你的购物车系统中要为你的合伙人设置联盟账号，从而可以生成定制的推广链接。

真正巨大的成功只有通过我们与合作伙伴互利共赢、长久的合作中来相互分享成果时才会被实现。你的一些合伙人有可能变成你最好的朋友和亲密的盟友。

如果你刚刚才接触通过互联网发布产品的概念，有些东西可能会吓到你。这有可能是包含很多动态部分的大的流程，比我讲的这个环节还要复杂。然而，你是可以做到的。开始时，要让你的发布简单化，一步一个台阶地去做。一旦完成了一个成功的发布，你就可以完成更多的发布会。只要复制你最初的成功，并为你的新产品做一些改动即可。大部分艰难的工作在第一次时就都做完了。

关于产品发布，如果你需要更多的帮助，信息类产品发布专家同时也是顾客盈门认证教练大卫·杰伦（David Jehlen）可以帮到你。你可以访问他的网站 DavidJehlen.com。

业务拓展的必要步骤

创造一项产品或项目对业务拓展都是一大助力，甚至是必要的步骤。你的事业很可能因此一飞冲天。一种产品可以转变成另一种产品，产品的形态因此具有无限的可能性。

想象一下：你早上打开电子邮箱，看到 15 个新订单，一个来自瑞士，一个来自澳洲，另一个来自印度，其余 12 个来自美国各地，他们都要买你网站上的产品。现在是早上 7 点，你正在喝第一杯咖啡，还没有完全睡醒，但已经赚到了 3 479.27 美元。

虽然这样的情景对你而言，仿佛是梦境而非现实，但这完全是可以达成的，而且可能比你想象的更加简单。只要遵循上述步骤，根据你想要的任何主题，制作出几款信息产品，接着你将很快听到网站上的收款机随着订单涌进而发出的美妙悦耳的叮当声。

1 定义你的产品
或项目

2 运用五步法
开发你的产品

最终版本

3 使用三步方程式打造
你的第一个草案

顾客盈门
产品发布
三步法

4 使用这个简单三步顺序
发布你的信息类产品

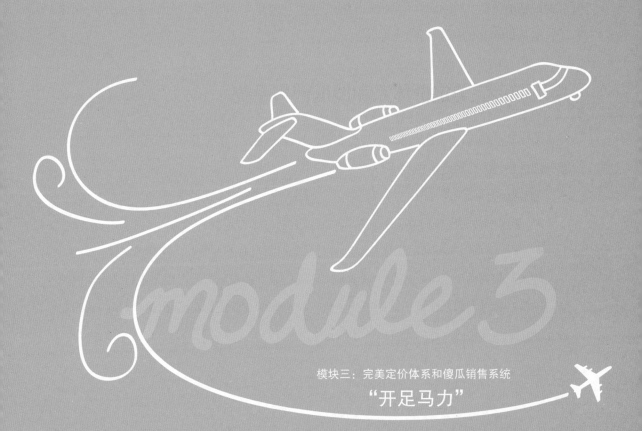

模块三：完美定价体系和傻瓜销售系统
"开足马力"

开足马力

当一架飞机从地面升空时，它需要的推力最大。为了达到飞行高度，飞行员（就是你）不得不竭尽全力。在理想的高度上，推重比会降低，那时飞机会飞得更快，远比在陆地上要飞得快，而且更省油。

实际上，在飞机的巡航高度上飞行 1 000 公里消耗的燃料要比飞机最初升空飞行的几公里消耗的燃料还要少，这叫累进消费（Progressive Consumption）。请把顾客盈门的这部分想成是累进营销（Progressive Marketing）。

在模块三当中，你还处在上升的状态中时，仍然需要最后一推，让你达到巡航高度，从而顺畅地飞行。所以，看看你是否有能力再把马力开大一些。你可能感觉自己已经很快了，但是却还没有达到安全飞行的速度。

模块三：完美定价体系和傻瓜销售系统

为了达到顾客盈门的效果，你需要制定合理的价格让你的理想客户无法拒绝，你也可以开展毫不费力的高效销售对话。

它意味着你必须：

- 使用正确的模型和激励来完善你的定价策略。
- 掌握傻瓜销售技巧，让你开展销售对话就如同在海滩上度假一样简单轻松。

模块三包含两个章节。这两个章节是顾客盈门系统的精华部分，因为你将学到如何使制定的策略和得到的信任成正比的成交主张，以及如何开展销售对话让你可以预约新的业务。这才是终极目标：得到新客户，才有新生意。

第9章
完美定价体系

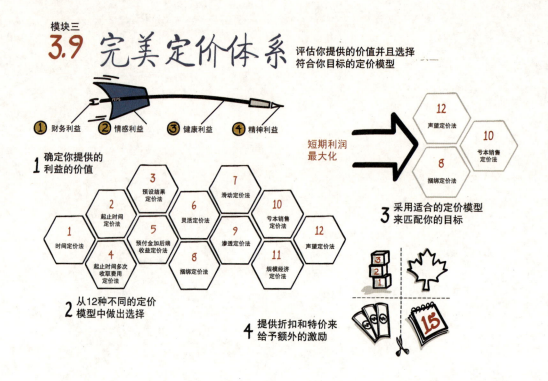

模块三
3.9 完美定价体系

评估你提供的价值并且选择
符合你目标的定价模型

① 财务利益　② 情感利益　③ 健康利益　④ 精神利益

1 确定你提供的
利益的价值

3
预设结果
定价法

7
滑动定价法

2
起止时间
定价法

6
灵活定价法

10
亏本销售
定价法

12
声望定价法

1
时间定价法

5
预付金加后端
收益定价法

9
渗透定价法

12
声望定价法

4
起止时间多次
收取费用
定价法

8
捆绑定价法

11
规模经济
定价法

2 从12种不同的定价
模型中做出选择

短期利润
最大化

12
声望定价法

10
亏本销售
定价法

8
捆绑定价法

3 采用适合的定价模型
来匹配你的目标

4 提供折扣和特价来
给予额外的激励

3.9 完美定价体系

> 你所支付的是价格，而你所得到的则是价值。
>
> 巴菲特

　　例如，运用天赋和技术创建一个引人注目的网站，或者为公司编写培训手册的价值如何体现？是网站编程所需的时间，是编写手册的页数，还是使用图片的数量？都不是。可惜的是，很多专业服务人士只是用这些东西来对他们的产品和服务进行定价。

投资回报率的价值 & 如何评估你的价值

我曾向认证培训师卡拉 · 卢芒（Cara Lumen）征求过对此事的看法，因为她直接和创意打交道，并且知道如何销售这些创意。事实上，作为创意的优化者，她有自己的独到见解，她说："给创意定价的唯一方法就是基于它们所创造出来的价值。"

你可能会说："这些我仅仅花了两个小时就实现了。"你写东西所花费的时间，设计作品所耗费的时间，或者想出一个创意的时间，甚至你与客户建立关系所花费的时间，都是无关紧要的。对于客户来说，真正重要的是，你提供的产品或服务在金钱、情感、健康和精神这四个方面的投资回报。记住我向你介绍的至关重要的、可以改变生命的FEPS 利益。

想想你所能提供的价值。

- 你提供的服务可以创造的收入是多少？
- 你为客户创造的有生产力的、有用的资源可以用多长时间？
- 你能多大程度上缓解客户的痛苦？
- 你能给客户创造多少快乐？
- 你如何帮助客户链接他们的目标或精神？
- 你的工作能够长时间让客户保持内心的充实和宁静吗？

你对自我价值评估的重要性绝不亚于你所能创造的价值，这正是简单地实现收支平衡和赚大钱之间的差异。请记住你的理想客户；请记住要尽最大的力量去工作；请记住用对自己命运负责一样的心态去为他人服务。你希望和那些珍视你的劳动成果的人合作。但是，如果你不认为你的工作很有价值，别人自然也不会在乎你的工作。

价值与他们的投资回报
与你怎样评估自己有关。

书面练习　9A

使用 FEPS 模型阐释一美元的价值

使用可视化工作表完成下面的练习。

步骤 1：想一位给了你好评的客户。

步骤 2：用一个表列出客户与你合作所能得到的所有的 FEPS 利益。不要太小气，要有大格局。

步骤 3：现在，将所有的利益用美元来进行标价。

同样，放大你的格局，直到不能再大为止。如果提前设限，你可能会发现你一直都低估了自己，因此为产品和服务标的价格过低。尽情展示你的才华和技能，很可能你所提供的价值远远超过了你目前的收费标准。

书面练习　9A
利益转化成美元
找出一个以前的客户，列举出他得到的利
益并估算每项利益的美元价值

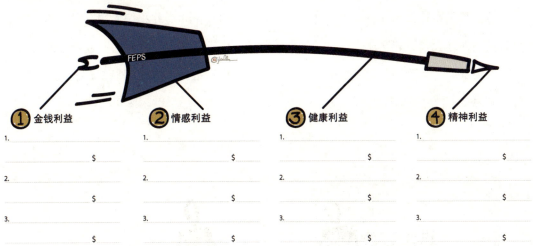

① 金钱利益　　② 情感利益　　③ 健康利益　　④ 精神利益

1.	1.	1.	1.
$	$	$	$
2.	2.	2.	2.
$	$	$	$
3.	3.	3.	3.
$	$	$	$

不要形成贫困的思维定式

也许你不希望给自己的服务定一个人们无法承受的价格，或者可能是有一个新客户表示他负担不起这个价格，所以你就会想为他去降低价格。这些想法并不一定意味着你形成了"贫困的思维定式"，但一定会让你变得卑微。要提升你的期望值。人们很少只根据价格去购买专业服务。事实上，人们通过购买的服务来表达他们自己的价值观。所以，让他们自行决定。

只有你才能给自己开价。不管你提供的是什么，对你而言都是独一无二的。只有你能提供一个特定的组合，包含服务、技能、才华，还有个性。只有你能提供一个确切的信息、沟通风格和价值的组合，这些形成了独一无二的你。了解、接受并欣赏你所拥有的价值。提升获得更好的报酬的意识。想要获得可观的收入，那就提出来。提出的价钱会让你觉得付出是值得的，同时也能看到别人通过你所提供的服务开心地从你那里获得了巨大的价值。

顾客盈门行动步骤 ‹‹‹› 现在提高你的价格直到你稍微感到不自在。当经历了轻微的恶心感觉后，你就知道你已经达到了正确的价格。这就是你的新价格。过一段时间，你将逐渐适应，再过段时间，你会继续提高价格且不会再觉得恶心了。

你的价值是什么，你就将收获什么。但首先，要真正知道并相信你拥有很大的价值。这样其他人才会知道和感谢你提供给他们的服务。你需要知道你提供的服务是有价值的，并且你需要收取一个彰显其价值的费用。只有你，可以选择从大处着眼去思考，你是谁，你将会为这个世界提供什么。

定价模型

我相信你已经发现了目前多种服务业都在使用不同的定价模型。有的受益方为产品或服务的提供方，更多的则是倾向于让客户受益。然而，完美的定价是让每一方都觉得自己是交易的赢家。如果客户认为自己拿到了一笔好交易，他会很高兴；如果服务提供商认为自己得到了利益，就会像猫抓到了金丝雀一样兴奋。因此，关键就是要设计实现这种双赢局面的策略，使双方都觉得很有成就感。这里有一些营销方面经常使用的定价模型：

1. **时间定价法**。交易价格会根据预先商定好的时间来定价，可以按每小时、每天或者每周来定价，也可以是一些其他的组合（例如，每小时100美元，每天1 000美元，每周10 000美元）。这是一个非常常见的模型，也是客户比较容易接受的方式。

2. **起止时间定价法**。这种方式是根据时间的消耗来定价，通常是按小时数来计算，但没有事先约定好完成工作需要的时长，而是以从开始工作到结束为止所花的时间来计算费用。服务提供商（尤其是承包商）很乐意接这样的任务，因为额外的工时需要另外再加费用。试想一下，原计划3个星期的厨房改造最后用了33个星期，没有人会想去负担那些花费。想象一下，当你在圣诞节的早晨醒来后，发现那些需要支付相应费用且标有你名字的盒子取代了你的圣诞礼物，你会怎样？

3. **预设结果定价法**。这种情况的定价，通常会在约定的日期或者按照工程进度的百分比支付费用（即25%的前期费用，中间支付50%，完成时支付尾款25%）。这种模式往往会导致服务提供商因"项目延展"[①]而产生焦虑心理。当项目涉及的范围变得越来越大时，费用却固定不变。这和项目延展是不同的，但也会让承包商感到沮丧。然而更糟的是，这分别取决于项目或客户方面有多少延展会发生。

4. **起止时间多次收取费用定价法**。通常来说，就是每月或每个季度按照一定的工作量预付相应的费用。有时候某个时段需要预付费用，但所安排的工程并不是非要按照这段时间内的任务来完成，其实还可以取消，或提出一些合理加价的通知。

5. **预付金加后端收益定价法**。包含一个可以覆盖支出的预付金和若干适中的报酬，但大多数服务提供商靠的是后端来获得收入。如果项目能盈利，那么服务提供商就可以赚钱。这种定价模型并不是很典型，但却能带来丰厚的收益。人身伤害维权律师就是使用这种模式。如果他们胜诉，那么就会获得一笔可观的费用。软件程序员，尤其是有抱负的、

---

① 又名：功能延展、特性延展、范围延展和任务延展。—译者注

想创业的人才，也会采用这种定价模式。

6. **灵活定价法**。提供的服务相同的情况下，以客户群的不同来决定价格。这在企业对企业（B2B）的营销中很常见，双方往往根据协商的合同来定价。

7. **滑动定价法**。你可以根据需求进行灵活机动的定价。服务提供商定价要么基于客户的支付能力，要么基于与客户合作的意愿。

8. **捆绑定价法**。将产品与服务打包出售来增加销售额，同时买卖双方都可以获益。买家以更少的钱获得更多的价值，而卖家不太费力就可以获得更多的利润。然而，如果你真的将服务与产品捆绑在一起，就如经济学家理查德·泰勒所说："不要将所有的圣诞礼物都放在一个盒子里。"将产品或服务带来的利益一一列举展示比混为一谈效果会更好。比如，如果你打算购买"这个"，我们也将"那个"捆绑在一起。如果你买"那个"，我们会附赠"这个"；又或者，如果你买了一个"这个"，你还可以以较低的价格再买"这个"。你期望的是确保客户珍视和赞赏从你这里得到的每一个产品、项目和服务。

9. **渗透定价法**。以非常低的价格进入市场。一旦你有了知名度，便开始提高价格。

10. **亏本销售定价法**。销售产品比销售服务更常用到这种方法，尽管如此，服务提供商还是可以对此加以利用。你可以基于一个非常低的价格提供特定的服务来招揽客户，寄希望于客户以更高的价格购买其他产品或服务。你可能为了后期会有更大的收益而愿意前期承担损失。

11. **规模经济定价法**。在市场上提供最低的价格是一种差异化的策略。这不像亏本销售定价法，因为当你使用规模经济定价法时，你的所有定价都是很低的。低价将成为你的品牌，比如沃尔玛超市。使用规模经济定价模型并不是低估自己的品牌。在这种情况下，你建立的模式是让更多的人可以从你的服务中受益。实际上，随着时间的推移，你的品牌价值就会逐渐增加。当然，低价格往往会被视为低价值的服务，但那并不是绝对的事情。

12. **声望定价法**。你可以为你的服务制定一个比行业标准水平更高的定价，目的就是为你和你的公司建立威信和声望。可能你服务的客户数量更少了，但最终你会赚到更多的钱。

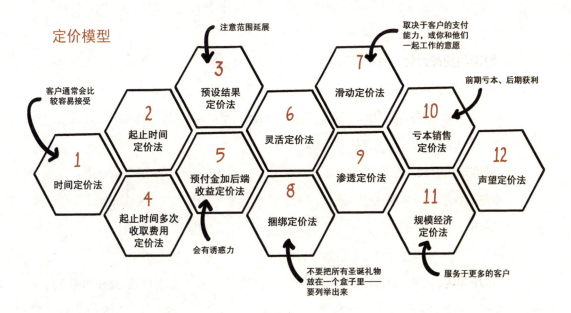

定价模型

特别注意：定价规则 ➡ 在你着急开始给自己定价之前，我要提醒你，在市场上某些专门的领域，政府制定了各种各样的定价规则。如果计划将自己的产品和服务输出到国外你需要熟悉其他国家的法律。在美国实施差别定价，即不同的消费者采用不同的价格，看似随机灵活，实际上是有某些限制的。然而，《罗宾逊·帕特曼法》（Robinson Patman）允许不同环境下差价的存在，所以如果你选择那种定价模式，就需要律师确定你所在的特定行业中你的产品或服务是具有合法性的。

如何选择定价模型

当你在考虑采用上述哪种价格模型时，首先要考虑到你的目标。你也许会想，嗯，迈克尔，你怎么那么笨？我的目标当然就是要尽可能多地赚钱！对，是的，在你读这本书的时候，是为了想出更具战略性的销售方案，并实施它们，所以先迁就我一下吧。你可以考虑以下五个不同的定价目标：

1. **长期利润最大化**。这应该是你默认的方法。你正在做的事情是为了能够持续经营，它们会支持你的梦想，更不用说你的家庭，所以你总是要聚焦在长期定价上面。任何一种定价模型都可以用来达成这个目标。

2. **短期利润最大化**。通常情况下，这是快速赚钱的一种方式。如果你在市场上有一定的影响力，又或者你具有一些独特的销售主张，那么声望定价法或许会是一种不错的方式。或者，你可以考虑捆绑定价法以卖出更多你已经在销售的产品。或者，也许激进的亏本定价法也会有所帮助。这里有很多的选择。

3. **获取市场份额**。这只是一个奇特的表述方式，用来表示你刚刚开始一项生意或者引入了新产品或服务线来获取新客户。亏本销售定价法、规模经济定价法或灵活定价法都是可以选择的方式。它们会帮你在竞争中获得一大群的理想客户，他们会向外界谈论你的最好的服务。当然，这将为你带来新的理想客户。

4. **市场存活**。有时候你发现事情会变得较为糟糕。你可能会面对像 2008 年那样的全球经济衰退。有时候能生存下来就足够了，这正是我的建议。这时候你可以采用任何策略渡过难关，如灵活定价法、时间定价法、预付金加后端收益定价法等。这些策略会帮助你在市场上存活下去。做任何你需要去做的事情来达成目标。

5. **追求卓越**。我在很多提案中都用到了这个策略。因为资金投入过多，我的会计师不喜欢这个定价模式。实际上，他是对的；但也不用为我哭泣，我做得刚刚好。相较于同行，我故意把在线和电话研讨会的价格压得较低。这样一来，一些新的小企业主就（可能像你一样）都能够报读这些课程。当然，它可以让更多的人参与其中，而你可能认为我由此获得了可观的利润。实际上，并非如此，因为我的花费同样很高。

我最赚钱的业务来自小型的私人指导研讨会和面向大企业的演讲。没错，我们使用了声望定价法。我们珍惜每一分挣到的钱。即便如此，你会发现我在使用声望定价法的同时也会使用滑动定价法。如果我认为我可以帮助你，而且我相信在我的帮助下，你将来会对这个世界有所贡献，那么我会调整价格以适合你当前的经济情况。

肯定的是，绝大多数的研究已经证明了金钱和幸福之间存在着一个复杂的关系。一旦你的生活脱离了贫困线，那么有意义的人际关系和相关联的事情都会让你感到非常幸福。所以，加油，为这个世界贡献出你的一份力量。正如我母亲所说的："加油，好好干，它不会毁了你。"

如何提供折扣和奖励

答案并不总是清晰的，但问题却是相同的：什么时候我应该降低价格，或提供折扣和特别优惠？有时候，你会考虑提供价格折扣或特别礼包来激发潜在客户的关注。其他时候，你觉得有必要（或希望）以降低价格的方式来赢得客户，是因为某些无法控制的因素，比如当前的经济形势、供给和需求的问题、竞争对手的价格，或其他市场的运作情况。又或者，也许某些情况完全处于你的控制之中，并且已经找到了更便宜和更经济的方式来实现你的服务，可以让你在降低价格的同时提高利润率。

然而，请小心使用打折和奖励策略。在过分夸大的电视促销节目和真正的、实在的、可信的、受顾客喜爱的以及有节制地使用打折战术和特殊优惠之间存在着一条界线。当你越界的时候你会知道。一旦发现你已经越界，请马上退后一步。但是，不要因此害怕充分展示你的促销计划。这一点没错。事实上，通过你与客户的一起工作，正好让你的理想客户群有机会去表达他们的价值。

- **数量折扣**。你可以鼓励客户尽可能多地购买你的服务，因为这样他们可以得到更优惠的价格。这种模式非常适用于私人教练和其他类似的服务行为，比如瑜伽老师。例如，一个瑜伽老师可能出售 5 次、10 次、15 次和 20 次的培训课程。每节课的价格将随着学习次数的增加而有所优惠，从而让 20 次的课程成为最好的选择。她甚至可能提供给客户一项增值服务以获得更好的销售推广的机会——20 位闻名而来的潜在客户或许会成为真正的瑜伽爱好者。

- **现金折扣**。企业可能会提供现金折扣，这是为了在一个未结算的账目上避免延长账期。这主要会影响企业和企业之间的业务，而不是企业和消费者（B2C）之间的业务。然而，你也会发现很多专业服务人士会提供现金折扣记入一部分或全部的账外工作，这种做法我是不能认同的。

- **换季打折**。鼓励客户在年内某一时期购买，或提供淡季折扣。园艺师在冬季可以通过特别的淡季折扣来拿到夏季的合同，以此增加销售额。

- **大减价和限时折扣**。在特定的某一段时期内或直到实现一定量的销售额时进

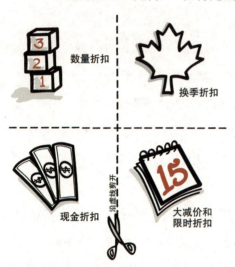

数量折扣

换季折扣

现金折扣

沿虚线剪开

大减价和限时折扣

行大减价。例如，"25% 的折扣，持续到 3 月底"或"前三位购买者可以获得 25% 的折扣"。一位室内设计师在广告中表示一天的装修可以获得 25% 的折扣，但仅限于前三位报名者。为了避免听起来像那些深夜电视购物节目，她必须简单地解释为什么只限前三位报名者。因为在有限的时间里，虽然她愿意尽可能多地帮助客户，但是也不能整天无休止地进行装修工作。

提供免费服务的策略

有些人给出免费的课程培训或服务作为销售策略以此来获得客户。这有用吗？仅仅是有时候有用。你应该这么做吗？取决于你问的对象。有人表示会这样做，其他人则表示不会使用该策略。然而，就算是如此令人沮丧的策略，仍旧还有人表示每次都会这样做。

一般来说，我不建议这样做。以下是需要注意的事项：

- **信誉**。如果你提供免费的培训课程，而有人碰巧偶然发现了你的网站，那么潜在客户可能会认为，你目前有大量时间试着将你所拥有的服务免费推广给更多的人，并且希望得到别人的雇用。信誉很大程度上建立在最初感知的基础上。

- **保持红丝绒绳策略**。选择你的理想客户——那些与你可以更好地合作的客户，而不是随便什么人都可以。

- **期望值管理**。一个潜在的客户可能会认为，在免费的培训课程中，他应该得到更多的好处和实惠。如果没有得到，他失望之后就不会再买账，因为他会认为你是低质量的服务提供商。

这并不意味着就没有办法使用这个策略。在第一年的业务中，我成功地使用了以下的"免费课程"战略，其中包含一个 20 分钟的快速销售周期的培训课程，但只面向那些表现出想向你认真学习的潜在客户。具体方法如下：

1. 当她下载了你的七步电子邮件迷你课程后，发送给她第一周前两课的课程。每节课包括两段学习内容，并附上详细的书面练习。

2. 发送"祝贺和奖励"的电子邮件，对于她在头两节课的作业给出好评和赞赏（所有这一切都可以实现自动化）。作为奖励，提供一个免费的 20 分钟的电话指导课程，以解决任何有关前两课学习资料上的问题。当然，预订课程指导需要遵循一些规则，这些都会在"祝贺和奖励"的邮件中进行强调，内容如下：

- 她必须根据你的公开日程安排参加电话会议的时间。在周五下午只安排几个空挡，因此候补名单很快就可以出炉。这样，你就不需要在桌面敲着手指寄希望于有人前来培训了。

- 如果她错过了会议，或者没有提前 24 小时通知重新安排会议，那么她就错过了机会，并且不能再重新安排（同样，所有这一切都可以实现自动化）。

- 如果她参加电话会议迟到了几分钟，你就不要接听了。

- 最后，在预约会议的前一个星期，她必须向你发送电子邮件，内容是她前两课的学习反馈和书面练习。这是因为：（1）如果她还没有完成课程学习，那么现在她可以完成。让更多客户进入你的工作和让他们去雇用你一样重要。（2）通过检查她的书面练习，在她拨打你的电话之前，你就明白了她真正需要的是什么。知道她的问题症结所在，就会明白如何帮助她。所以，在短短 20 分钟内就可以解决他们的问题，并给人留下一个深刻的印象。

你可能会认为，所有这些规则会把潜在客户赶走。你想获得更多的客户，而不是迫使他们通过燃烧的铁圈。但是，你知道吗？超过 65% 的人上了 20 分钟免费的培训课后成了客户。在你的销售周期中找到一种使用这种策略的方式，你会得到机会去做一些有价值的事情，并为你的潜在客户提供免费的业务。你将会提高你的声誉，建立起信誉，并开拓更多的业务。

何时提价

任何时候你都可以，但是却没有必要将价格订得如此高不可攀即为成功。这里有几个例子告诉我们为什么要去做和怎么去实现。

- **见机行事**。见机行事考虑提高价格。有时候，提高价格会是一件很简单的事情，感觉也很美妙，最终将会使你获得一笔可观的利润。
- **经济条件**。你可能因为通货通胀而需要提高价格。通货膨胀通常会转嫁到消费者身上，这就是为什么这是一个经济问题。
- **被需要和超负荷预约**。如果你的服务需求量增加，我将为你跳起顾客盈门之舞，这会是一个提高价格的好时机。
- **培训和技能的发展**。如果你最近升级了你的认证证书或完成了一项重要的培训，并且这些与客户的需求是高度相关的，那么，这可能是极佳的提高价格的时机。
- **升级你的包装**。如果你在升级网站并且有了一个全新的设计，同时也升级了品牌形象和感觉，那么你可以提高价格。如果你升级了办公室，让你的工作变得更有效率，你也可以提高价格。如果你升级了产品的包装，同样也可以提高你的价格底线。再次强调，可信度在很大程度上基于最初的感知。

有时候，当服务提供商的预约超负荷时，他们就会抱怨。难道我们忘了之前我们是怎样挣扎着爬上了梯子。更糟的是，我目睹过许多服务供应商因害怕失去业务而拒绝提高价格，而提高价格将允许他们每个人只用面对一小部分的客户。下面这个简单的故事可以说明我的观点。

我时常会去见一位针灸师，他可能是我们那个地方最有名的针灸师（我住在一个小镇）。

他可能是最有经验的，所以每天求医的人络绎不绝。每次我遇到他，他都会以一种温和友好的方式抱怨他的工作超过负荷，却仍旧无法满足需求。

他并不想改变他的业务模式，因为他仍然希望亲自就诊，而不希望雇用并管理其他的针灸师，他也不希望提高诊疗费。所以，每次我看到他，都会向他抱怨（以一个温和友好的方式）他的诊疗价格太低，应该提高收费。他的回答总是相同的："但是，迈克尔，如果我的诊疗费用加倍，我将会失去一半的客户。"话到此处总会戛然而止。他总是不明白一点，而你可能会懂。首先，即使他加收一倍诊疗的费用，他也不会失去一半的客户，他还是会获得同样的收入，同时还会有更多的空闲时间。也许他可能会失去一些客户，但总体而言，因为诊疗费翻倍了，他可以赚到更多的钱。

业务超负荷？
提高你的价格。

如果你提高了价格

如果你提高了价格，最好要让客户知道原因。告诉大家需要你提供服务的客户太多了，因此你要提高价格。这没有什么不好，这样你可以给予客户更多的关注，并提高服务质量。或者你为客户提供服务的某些相关费用有所增加，因此你可以相应地提高价格。

人们喜欢听实话。我宁愿与我的客户开诚布公地交流，冒着会让其中某几位客户失望的风险，总比操控或愚钝地去运行业务而损害了我的宗旨要好得多。只是要确保让他们知道新的定价会是什么情况，会给他们带来什么意想不到的惊喜。发出合理的通知，以便让他们能够适应变化。而且，最重要的是，提醒他们继续与你合作所能够获得的利益。

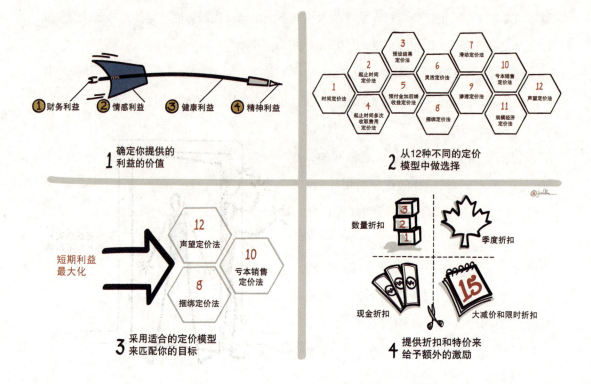

① 财务利益　② 情感利益　③ 健康利益　④ 精神利益

1 确定你提供的
利益的价值

2 从12种不同的定价
模型中做选择

3 采用适合的定价模型
来匹配你的目标

短期利益
最大化

4 提供折扣和特价来
给予额外的激励

数量折扣　季度折扣　现金折扣　大减价和限时折扣

第 10 章
傻瓜销售系统

模块三
3.10 傻瓜销售系统

使用顾客盈门系统的成功的销售对话

3 在你的销售对话里使用四步方程式

1 摆脱受限心理

2 遵循顾客盈门销售范例

4 抛弃日常话术，不要成为低劣的推销员

3.10 傻瓜销售系统

艺术就是无中生有并被销售出去的。

弗兰克·扎帕（Frank Zappa）

身为服务供应商，你可能不想把自己当成推销员。你从事的行业是帮助别人，而推销可能让你感觉违背了自己的核心目的。如果你对销售过程感到不自在，可能是你认为它不道德，充满巧妙操纵和不诚实的行为。以这种方式来看待服务业，谁会感到自在？

许多专业服务者也对收取服务费感到不自在，原因可能是他们很轻松就能提供这种服务，或者他们很喜欢服务的工作。他们觉得既然做起来轻松而且乐在其中，收费就是不对的。

　　一旦专业服务者必须像推销产品一样推销自己，整件事情就会让人更加不自在。你可能觉得自己是在吹嘘，厚着脸皮一点也不谦虚。

摆脱受限心理

　　要对销售流程感到自在，必须先摆脱受限心理，比如你的价值取决于你能赚到多少钱。事实上，发展出合适的舒适度也需要你对销售流程的看法做出转变。

　　大多数成功人士从他们擅长的事业中获得报酬。你不会因为做起来不顺手的事业而成功。当你发挥天赋时，成功才会到来。如果汤姆 • 汉克斯说，他不应该因为演技精湛喜爱演戏而获得片酬，或者 J•K• 罗琳说她写的哈里 • 波特系列书籍应该免费，因为自己乐在其中，你觉得如何呢？

　　汤姆 • 汉克斯、J•K• 罗琳或任何你想到的人会如此成功，原因是他们努力做自己最擅长的事，把天赋发挥到了极致。他们为众人创造了非比寻常的经验，他们服务的对象就是观众、影迷或客户。这是他们和你一样应该获得高收入的原因。

　　如果你认为自己提供服务的收费没有这个价值，就不太可能有很多人以这种价格来雇用你。你必须完全认可自己的报价，而后其他人才会与之共鸣。要做到这一点，你必须改变信念，慢慢变得对收较高费用不会感到不自在，而不是以降低收费来消除不自在。

　　有一个老笑话说，某个人钻进纽约市的一辆出租车，问司机如何到卡内基音乐厅。司机回答："练习，练习，再练习。"你必须用练习来增强你的共鸣，就像练习武术、运动或唱歌一样。唱歌是绝佳的例子，因为你的嗓子越练就越能发出共鸣。刚开始你可能觉得不舒服，久而久之就会变得更轻松自然。这种情况会发生在你报价时，一旦你对报价感到自在了，其他人也会感到自在，并且会产生充满能量的共鸣且乐于付给你应得的报酬。

通过练习，你将可以信心百倍地说出来。

顾客盈门销售范例

顾客盈门销售范例都与建立关系相关，在信任的基础上建立与潜在客户的关系。做法很简单，就是以诚恳的谈话让潜在客户知道，你能帮助他们做什么。你不是在操纵或诱骗人们买他们不需要或不想要的东西。你是要让他们知道，你提供的正是他们现在需要的、想要的和渴望的东西。

从解决方案和利益的观点思考才是销售流程的关键。当你遵循顾客盈门销售范例时，客户会恳求你为他们服务。你是咨询师，是终身顾问。当你拥有帮助别人的渴望和根本的解决方案时，你就有道德上的紧迫感，你认为知道的人越多越好。你正在改变生命！

在正确的时间获得正确的信任

在我教你如何打好基础并建立信任和信誉后，在第 10 章介绍销售就顺理成章了。很多销售对话不成功的原因之一是，发生在错误的时间点——你还没有赢得相应的信任度。此外，你的客户会在正确的时间购买——在他们的生活或工作中当一些事情突发时，会迫使他们去雇用你。如果这两个因素——信任和时间点，同时出现在对的时间，你将会展开成功的销售对话并得到生意。但只有当你打好坚实的基础，表明你做到如下几点时才会奏效。

1. 运用红丝绒绳策略，从而只和理想客户打交道

2. 理解为什么人们向你购买，这样你就会清晰地了解你销售的对象和他们希望投资的领域。

3. 打造个人品牌，你可以决定以何种形式在获得知名度。

4. 有能力谈论自己的事业而不流俗、空洞或让人迷惑，也不要使用电梯话术。

5. 如果你打好了基础工作，那么一个潜在客户将会给你机会去赢得他的信任。但是只有你做到以下几点时才能赢得信任。

- 使用标准化的信誉建立工具并具有较高的人气。

- 设计一个无门槛进入的销售周期，并配合总是给出甜头的提案。

- 运用简单的开发潜在客户的资讯类产品强化信誉并加速销售周期。

之后，你才真正做好了准备去展开有效的销售对话。

傻瓜销售方程式四步

现在，让我们谈谈如何展开销售对话。我为超级简单的销售系统打造了四步销售方程式——这个方程式简单到可以自动运转。为什么？因为当信任一旦建立并且一个需求被满足后，在你的销售对话中使用这个四步方程式就可以赢得生意了。但是，就像顾客盈门对话一样，这是开放和自由的谈话，而不是销售话术。

当一个潜在客户表现出和你一起工作的兴趣时，你可以使用一个简单的问题来开场。

步骤 1：你正在做什么？或者，你的目标是什么？或者，你正在尝试达成什么结果？一旦你肯定地知道他想要完成的事情和时间期限时，你可以问……

步骤2：你如何知道你何时能达成那样的结果？你将看到何种结果？你将能听到何种反馈？你将会有什么样的感觉？一旦你感觉潜在客户可以清晰地阐述这些利益，要确保他已经完全进入雇用你的思维框架，再问……

步骤3：你想要别人去帮助你（达成目标等）？如果他拒绝，那么给他最好的祝福并保持联络。如果他同意，就提出……

步骤4：你想要那个人就是我吗？因为，你知道，你是我的理想客户。（他会问："你是什么意思？"因为之前没有人对他说过这些。）跟你一起工作可以让我发挥到最佳状态。（他会问："为什么？"你可以告诉他……）因为你是……（这里你可以列举出他具备的优秀品质，让你可以做到最好。）当你正在列举这些优秀品质时，你就可以看到他面露喜悦并挺直腰杆说："这就是我，谢谢你的观察力。"你就可以说："我们是不是定个时间开始呢？"那么答案肯定是："绝对没问题！"

不要照搬上面的话。相反，使用顾客盈门四步销售方程式作为框架来进行一个超级简单的（成功的）销售对话。

书面练习　10A

无压力练习

和一位好友或同事尝试使用这个四步方程式。让她在下周随机给你打几次电话说："你好，我收到你的新闻通讯已经有一段时间了，我想你有可能能帮到我，我们能不能谈谈你的服务？"

步骤 1： 和那些谈论自己和生意长达 20 分钟的做法不同，在你给客户打电话的时候使用下面的可视化图表。在第一部分，发现她的需求点，问她正在做什么，或者她希望达成什么目标。在图表空白处写下她的答案，这将帮助你变成更好的倾听者。

步骤 2： 一旦第一步做好，转到第二步，并确认什么才是成功。她如何知道自己成功了？我在练习表中准备了一些问题，但是我也鼓励你开发一些自己的很棒的问题。

步骤 3： 如果她达到了你的理想客户标准，就转到第三步，并询问她是否需要帮助。如果没达到标准，祝福她并与她保持联络。但是，如果她问："为什么，我想得到你的帮助！"就转到第四步。

步骤 4： 告诉她为什么她是你的理想客户，这样可以让你发挥到最佳的状态。她将会为此而感到自豪。之后，问她是否希望定个时间开始工作。超级简单！

如果他们不确定

假如潜在客户还没有准备好和你一起工作怎么办？没问题。好消息是你提供的利益总有一天会成为他的首选。并且，一些发生在潜在客户生命中的事情将会改变，从而迫使她去雇用你。尽管如果你没有和她保持联络并跟进，她可能会找别人去帮助她达成目标。但是，既然你准备成为保持联络和跟进方面的大师，你就已经准备好随时帮助她达成目标了。
（我们在第 7 章中学习了保持联络的策略。）

书面练习　10A
销售对话
使用顾客盈门四步方程式去展开一段超级
简单的销售对话

目标：	① 发现他们的需求	② 确认什么是成功	③ 问他们是否需要帮助	④ 告知为何他们是理想客户并约定时间见面
你的问题：	◆ 你正在做什么？ ◆ 你的目标？　◆ 什么时间完成？	◆ 你怎样知道何时能达成目标？ ◆ 你会得到何种结果和感受？	◆ 你是否想要有人帮助你？　◆ 你希望那个人是我吗？	◆ 你是我的理想客户，因为…… ◆ 我们计划个时间开始吧？
关于他们的反馈的记录：				

顾客盈门系统的秘诀

这个简单四步方程式是顾客盈门系统的秘诀。

1. 你实施了六大核心自我推广策略中的一部分，为你的提案建立了感知度。

2. 当一位潜在客户关注到你的服务时，她将会看看你的基础。如果看起来安全，能让她舒服地进入，她将会给你机会去赢得她的信任，但仅仅是机会。她并不一定要立刻雇用你。在她真正信任你之前，她需要一定的时间去思考后果。

3. 当你的计划可以建立信任和信誉时，当一个潜在客户进入你的销售流程时，她将会喜欢你、信任你，并赞扬你。

4. 当她的状况显示她需要你提供的帮助时，她会举手并跟你展开销售对话。而你会采用顾客盈门式的销售对话来锁定生意。

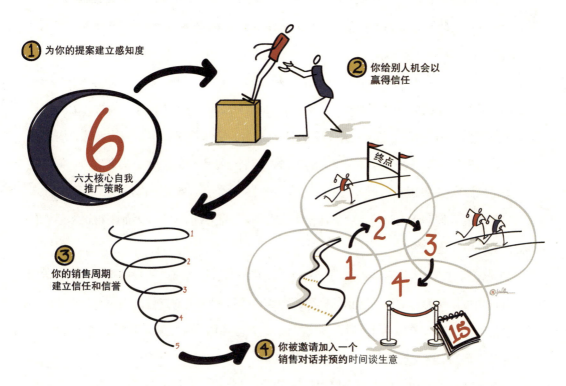

① 为你的提案建立感知度

② 你给别人机会以赢得信任

⑥ 六大核心自我推广策略

③ 你的销售周期建立信任和信誉

④ 你被邀请加入一个销售对话并预约时间谈生意

终点

流程简单，堪称完美。这可以改变你的商业生活。最重要的是，这个流程是一个完整的、可重复的并有自生性的系统。当潜在客户经历这个流程时，你正在持续不断地使用六大核心自我推广策略为你的提案建立感知度。这会让更多的潜在客户检验你的基础是否稳定和安全。他们将会为他们看到的而高兴，并坚持给你机会去赢得他们的信任。在你赢得他们的信任后，并且当时机来到时，他们将举手要求跟你开始销售对话，或者接受一个你无法拒绝的成交主张。这个流程将会反复地进行，呈现出系统化。一旦你建立起自己的顾客盈门营销和销售系统，它就会像咒语一样开始工作，不断重复。

砍掉销售时的废话

我认为传统销售技巧的有效期是很短的。我还因此写了一本书，名为《逆反效应：为什么采用传统销售建议会得不偿失》[*The Contrarian Effect: Why It Pays (BIG) to Take Typical Sales Advice and Do the Opposite*]。

事实上，传统老套的销售策略、缔结技巧、假设销售、消除反对意见等，最早均起源于 19 世纪末的 NCR 公司的约翰·帕特森（John H. Patterson）（具有讽刺意义的是他被起诉违反了反垄断法）。这些由一个罪犯发明的人为的销售策略，至今仍然被销售培训师所使用。从好的方面来说，当我们迷失的时候，它们会指引我们去做一些事情。它们提供了一些可以用来衡量的标准。最坏的一点是，它们有时会有点效果，但是客户讨厌它们。

当你想要人们购买的时候，他们通常不会购买。并且人们很少会因为销售话术或者你对他们的说服而进行购买。

如果你真的想在销售时取得成功，你就要倾听你的潜在客户。我提供给你的顾客盈门四步方程式可以作为你的销售对话的框架。但是这里没有完美的打包流程、灵丹妙药或万无一失的方法去帮你打败路上的每一个看门人，并得到每一笔生意。我们必须乐于学习、适应并倾听我们的潜在客户。

当你做这些的时候，再也不会用那些封闭的缔结技术。你将聪明地连接你的顾客想要表达的价值。记住：

倾听并让他们告诉你什么是他们真正想要的。

丢掉每天的垃圾

让你自己不同于低劣的销售员

- 摆脱挑衅性的问题、级别设置的声明和对话助手，要倾听顾客的真正需求。

- 制定相应的销售提案，与你赢得的信任成比例。

- 使用红丝绒绳策略，不要设想你可以和每个人都一起工作。最大化你的时间和能量，当你和你希望服务的人一起工作时为自己建立信誉。

我相信你会关注你所做的事情：你服务的人群、你销售的服务和你赢得的声誉。如果你不关注的话就不会阅读本书。不要卸下你的保护措施。在你是谁以及你如何服务客户方面要放大格局！

当你聚焦并且保持诚信时，你将永远不用会像那些老套的、阴暗的、油嘴滑舌的、留着卷曲的八字胡的、令人讨厌的"销售员"一样去欺骗下一个可怜的傻瓜，只为了拿佣金回家。你的服务对于世界来说很重要。你对于世界来说很重要。避免销售时的废话，让你与众不同。

从小事做起，得到大收获

记住，你可以丢掉这些关于销售的受限心理并得到很好的回报。当你发觉你的天赋并且下功夫磨炼它们时，你可以很自信地收到和市场价值匹配的报酬。

顾客盈门销售范例是一个深化的步骤，将传统的"索取"型销售策略转变为更加有效的"给予"思想。如果人们在接下来的 30 分钟内购买，不会有操纵、压迫和伤人的暗箭。有的只是真诚的对话，与和你一起工作的利益以及你提供的解决方案有关。

你可以通过四步方程式将范例变成现实，你可以询问客户以下的一系列问题：

1. 什么是你努力要达成的？我们是否在参与一场竞赛？为我勾画出来。

2. 你如何知道你已经达成了目标？终点是什么样子？你是什么感觉？

3. 你希望得到帮助吗？这里是一些选项，描述了你将面临的一些特定的挑战。

4. 你是否希望那个帮助你的人是我？这就是为什么你是我的理想客户。你希望什么时候开始？

　　我不能再多强调了：你必须是一位好的倾听者。问问题有助于你理解他们面对的问题，同时，通过倾听获取一些线索，看看他们是否符合你的理想客户的要求。

　　你已经得到了。这些可爱的、轻松的步骤可以让你实现简单销售，并让你顾客盈门。从小事做起，可以得到大的收获。记住：成功的销售就是向潜在客户展示你如何帮助他们实现一个更幸福、更成功的生活。

1 打开受限心理并信
心百倍地说出来

2 遵循顾客盈门销售范例
建立信任、分享利益、解决问题

3 在你的销售对话里
使用四步方程式

4 抛弃日常话术，不要
成为低劣的推销员

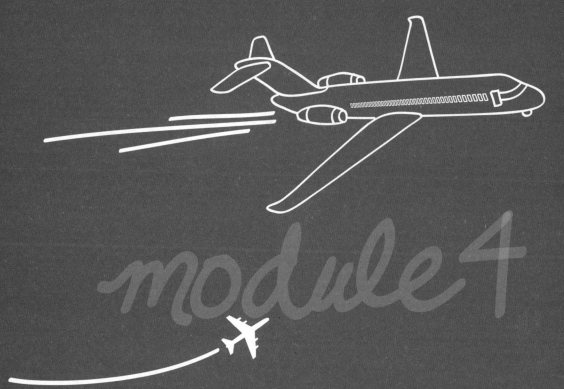

module 4

模块四：六大核心自我推广策略

"巡航高度"

巡航高度

至今为止，你已经在模块一——打基础环节中完成了系统检测。之后，你开足马力，在模块二——建立信任和信誉环节帮助你的生意在跑道上起飞。在模块三——完美定价和傻瓜销售系统中，你踩满了油门全速前进。就像开飞机一样，你的目标是让它驶向巡航高度，在那个高度你可以用更快的速度飞更远的距离，但用的燃料却更少。

自我推广是推动你的整个生意的燃料，但是它需要另外三个模块才能保持在巡航高度。当你可以让你的营销系统自动驾驶的时候，你将会得到多的服务不过来的客户。聪明人都知道，自我感觉良好，感觉自己超越了营销和销售而不屑于做这些"销售"的事情，是缺少大格局的表现。这取决于两种矛盾的倾向：一种倾向是你做的事情比营销要伟大得多，另一种则是在诚信上不能背叛或妥协。这两种倾向并不会相互排斥。

模块四：六大核心自我推广策略

注意，你不仅仅要喜欢营销和销售，还要爱上它们。就好像培养任何新的爱好一样，你希望花时间将所有新的东西吸收进来。不要让模块四里面的多个维度让你不堪重负。选择最能发挥你强项的策略来实施——你不需要实施所有的策略。只有三个是必须的，而另外三个是可选的。你能猜到哪些是必须的，哪些是可选的吗？

你可能会猜到演说和写作策略是可选的，但是当你听说互联网营销策略也是可选的时候，你会不会感到惊讶？是的，用一个专业的网站来和潜在客户开始对话可能是不错的主意，但你不需要学习或使用任何附加的互联网营销策略了。

你可能会犯的唯一一个错误就是想立刻使用所有的策略。如果是这样，你也许会变得受挫，甚至是更糟，可能在取得结果前就退出了。我建议你使用四种必要的策略和一个选择性的策略来开始。

第 11 章
建立人际关系网策略

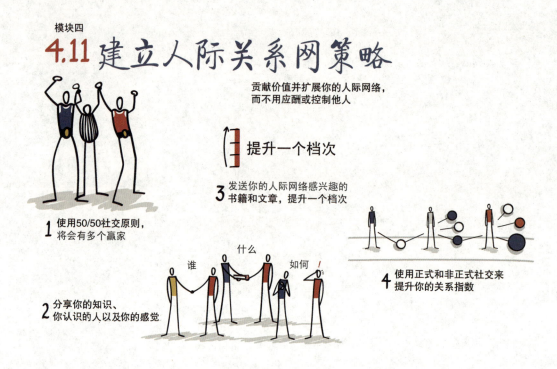

模块四

4.11 建立人际关系网策略

贡献价值并扩展你的人际网络，
而不用应酬或控制他人

提升一个档次

3 发送你的人际网络感兴趣的
书籍和文章，提升一个档次

1 使用50/50社交原则，
将会有多个赢家

谁　　什么　　如何

4 使用正式和非正式社交来
提升你的关系指数

2 分享你的知识、
你认识的人以及你的感觉

4.11　人际关系网策略

有些人走到哪里就给哪里带来快乐；有些人走的时候才带来快乐。

王尔德

　　大多数专业服务人士听到建立人际网络这个词时，会退缩或是以老派的商业思维来看待，认为这只是在活动场合上寒暄交际，与每个人聊天并操纵彼此，以此为自己寻找生意机会。

　　一想到这种花一两个小时闲扯、相互吹嘘、人人脸上戴着虚伪的微笑以隐藏不自在的情景，谁都会想要退缩。要是你觉得不自在、虚伪，那你收集的名片最后很可能会被丢进抽屉里，再也见不到天日，因为你害怕做后续追踪，或者你会一直拖延直到忘记他们。

　　振作起来，因为我们根本不需要这样去做。顾客盈门的建立人际关系网策略会教你从截然不同的观点出发，将匮乏和恐惧的观点变成富饶与关爱。

不需要对抗

你相信建立人际关系网络像专业摔跤吗？你知道向你的竞争对手展现统治力、武力和醒目的威慑力吗？持匮乏与恐惧的老派商业思想的人会想：

- 我如何达成目的？
- 我如何争取并将众人的注意力集中在我身上？
- 我要说哪些话让别人印象深刻或显出自己的掌控力？
- 我如何利用每一个认识的人来满足自己的需求？
- 我如何压倒竞争者？
- 我如何支配市场？

持顾客盈门的建立人际网络策略（富饶与关爱）的人会问：

- 我能给予别人什么？
- 我如何帮助别人成功？
- 我如何展开友善的谈话并持续下去？
- 我如何让别人感到自在？
- 我如何表达自己的诚意与慷慨？
- 我如何倾听以发现别人的需求与渴望？
- 我如何提供真正的价值给别人？
- 我如何充分表达自我，以便与他人建立起真诚的关系？

让我们以"建立关系"取代建立人际网络，与另一个人建立关系意味着双方互相协调、休戚与共。让我们用这种观点来定义网络。这样是不是有助于你爱上网络的概念？我们不去争取或搜寻联络人，我们不需要联络人；我们要与真实的人建立起关系。

每当有人问我建立人际关系网最重要的关键因素时，我总是回答两个字：别人。你的人际关系网的成功取决于别人怎样回应你。

如果你继续问自己上述贡献价值式的问题，并遵循顾客盈门的建立人际网络策略，就能创造出一个价值无可限量且不断带给你报酬的网络。老派的建立人际关系网策略强调竞争，但是顾客盈门建立人际关

● 真正的社交不在于
要尝试击败对手。

系网络策略则将建立一个以同理心、信任和真诚为基础的强大网络。

顾客盈门 50/50 建立人际网络法则

顾客盈门的建立人际网络策略采用 50/50 网络原则，这要求我们把建立人际网络的注意力平均放在潜在客户和其他专业人士上。大多数人认为建立人际网络主要的目的就是钓客户，事实并非如此。50/50 法则完全可以实现多赢的局面。

虽然顾客盈门建立人际网络策略可贡献价值给未来的潜在客户，你也要花 50% 的时间建立与其他专业人士的关系。与其他专业人士建立关系将提供给你分享资源、知识和资讯的机会。切记！单独作业并不表示单打独斗，与其他专业人士合作可以创造更多的价值。

分享是关键

我从建立人际网络概念得到的最宝贵的教育来自蒂姆·桑德斯的书《爱是杀手锏：如何在商业圈里既快乐又成功》（*Love is the Killer App: How to Win Business and Influence Friends*）。桑德斯传达的信息是，当一只"可爱猫"是业务成功的关键，而这也是顾客盈门建立

● 当你分享你的
社交焦点时，
会有很多赢家。

人际网络策略的核心。桑德斯引述了哲学家米尔顿·梅洛夫（Milton Mayeroff）在《关怀的力量》一书中的话："爱是无私地促进他人的成长。"接着桑德斯将他对商业之爱的观念定义为："以聪明而理智的方式，与商业伙伴分享你的无形资产。"哪些无形资产？据桑德斯所说，就是你的知识、人际网络与同理心。它们是成功建立人际网络的基本要件。

建立人际网络需要你有意识地整合并分享这些无形资产，并且让这件事变成你日常生活中自然而然的一部分，而不论你身在何处、做什么事。没错，就是日常生活。建立人际网络不是只在社交场合下功夫，它是持续不断的过程，而且会为你和你的联系人带来双赢的结果。

分享你认识的人、你知道的事和你的感觉

我们说过与另一个人真正建立关系意味着互相协调、休戚与共。这里有三件事可以帮助我们达成目的。

1. **分享你认识的人**。我说的是你认识的每一个人。不管是亲戚、朋友还是生意伙伴，在你的人际网络中的每个人都可能与别人有关，你永远也预想不到下一个认识的人会不会牵引出另一个好关系。

2. **分享你知道的事**。这里指的是你学到的一切，包括你从经历、观察、谈话或研究中所学到的，以及你正在学习的一切。

3. **分享你的感受**。这表示人类共通的同理心，也是我们能与他人产生共鸣的本性。分享你在生活各个层面的感受将会带来最大的回报，不要只关心你的利润，而是要发自内心地与他人真诚互动。

注意 >- 要免费付出这三种无形资产，而不要期待任何回报。别忘了，这也是爱的实际运用。虽然把它当成策略看起来似乎有些攻于心计，但只要你才思敏捷、友善而且乐于助人，人们就会喜欢你，乐于与你相处，并且在他们或他们认识的人需要服务时，就会想到你。

分享你认识的人

我会尽力做一切事去支持我喜欢和尊敬的人，我会竭尽全力服务于为我效劳的人。你

呢？想一想：你愿意把生意交给谁，或推荐给人际网络中的哪些成员？当然是以同样的方式服务于你的人；待你友善、亲切，聪明、乐于助人的人；会给你更多附加价值，超出你预期的人，以及真诚地提供最佳服务的人。他们永远乐观、总是面带微笑，而且能感染别人，并为他们带来活力。

在你与别人互动的时候，不管是在商务场合还是个人生活中，如果你扮演着这样的角色，那么你的网络将会呈指数级增长，而人们将记住你，并愿意和你做生意。他们将把你纳入人际网络中，与其他人产生连结并给你带来利益；他们会把你介绍给可能需要服务或产品的人。

我能想到很多朋友和同事是这样的人。我身边有一个很棒的例子，可以说明什么叫真正开放的分享网络，这种分享毫无保留，而且不期待任何回报。

www.NiaNewYork.com 网站的主人卡洛琳 • 柯尔丝（Caroline Konles）是一个健身与健康方面的专家，她是我有幸认识的最真诚、最有才华的人，只要有机会我就会为她做任何事。为什么？因为她不断地给我推荐客户，介绍给我可以合作的对象，给我机会做营销，并经常分享在个人或事业方面对我可能有帮助的事。柯尔丝最了不起的地方是，她从不要求回报。

分享网络有一件事极其重要，就是你必须说到做到——永远都要如此。如果你做不到，就要道歉并设法补救。如果你承诺了却做不到，就会损害声誉，关闭为你敞开的大门。要是你不做任何能建立起关系的承诺，那没有人会为你做这件事。做承诺并且养成履行承诺的习惯，是培养自己成为"关系大师"的重要条件，因为只有这样才能为别人的生活带来真正有意义的价值。

每一个工作日，介绍你的人际网络里两个之前互不相识的人认识，因为你认为他们会从中受益。这不是为某人推荐特定的工作机会，而是一种让两个人建立关系并从中受益的方法。可能他们在同一专业领域或者共同拥有一些商业关系，也可能他们都喜欢武术或打高尔夫球。或者，他们可能居住在同一个地方。不管怎样，你做的就是创造机会建立关系。如果他们都很高兴认识对方，那么一些特别的事情就会发生。你永远不知道，你介绍认识的两个人也许会一起将地球从气候灾难中拯救出来。或者他们会坠入爱河并

谁

分享你认识的人

结婚。

我开发了一个软件程序 solid.ly，可以帮你做这些事情。每天这套系统将会根据你的联络人的兴趣、地点、专业等推荐可能产生的关系。你可以选择与推荐的关系人建立联系。系统将跟踪你建立的所有关系以确保你不会和相同的人重复链接。系统也会让你和关系人保持一定的距离，这样你不至于因为太热心而让你的联系人不堪重负。此外，系统会管理你后续跟踪的每个人，让你可以持续发展并培养关系。你可以登录 www.solid.yy 学习更多的内容，看展示，并得到试用版。

书面练习　11A

分享你的人际网络

使用下面的可视化图表完成下列练习。

1. 列出你的人际网络中的五个人，他们愿意给你推荐客户，给你建议，或者愿意做任何事帮助你。

2. 在你的人际网络中，找出可以链接这五位给哪些人。你认识的朋友有谁能帮助这五个人，不管是作为潜在客户、潜在的事业伙伴，还是潜在的供应商？

顾客盈门行动步骤 ➤ 现在就尝试吧。看一下你的通讯录，找出两个拥有共同点的人，再找到他们之间彼此相关的地方，介绍他们认识。

在这个书面练习中列举出来的人和你采取顾客盈门行动步骤链接的人，将会感谢你链接或推荐的机会。当有人需要你的产品或服务时，他们很可能会想到你并以此回报你。

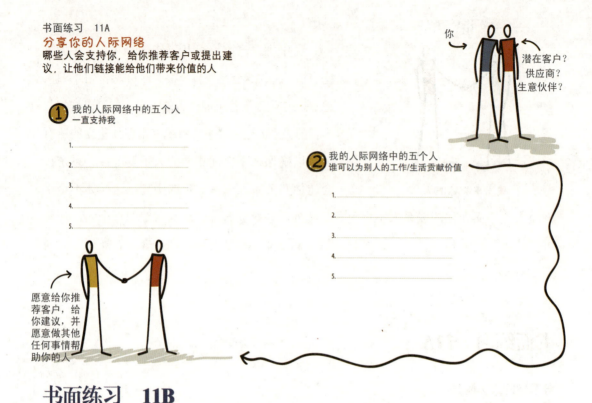

书面练习　11A

分享你的人际网络

哪些人会支持你，给你推荐客户或提出建议，让他们链接能给他们带来价值的人

① 我的人际网络中的五个人
一直支持我

1. _____
2. _____
3. _____
4. _____
5. _____

你

潜在客户？
供应商？
生意伙伴？

② 我的人际网络中的五个人
谁可以为别人的工作/生活贡献价值

1. _____
2. _____
3. _____
4. _____
5. _____

愿意给你推荐客户，给你建议，并愿意做其他任何事情帮助你的人

书面练习　11B

根据"六度人际分隔理论"，你与需要的人或需要的信息只间隔着六个人（在你的领域中，你与需要或想要建立关系的人，间隔还会更少）。

你遇见的每个人都有可能帮助你建立关系（通过他的网络和联络人的网络），链接你到另一个人或你需要的信息。要勇于跨出舒适区，真诚地尝试与你平常不会互动的人建立关系。你的关系网络越多元化，力量就越大且越有效率。它会为你打开原本紧闭的大门。

扩大你的人际网络

使用下面的可视化图表完成下列练习。

1. 想一下你当前的人际网络中缺少哪类人和专业人士。列举 5 种可以扩大和造福你的人际网络的人。

2. 下一步，列举出你可以找到他们的地点。他们会参加什么样的行业会议？他们会是什么组织机构的成员？在社交网络上是否能找到他们？你认识的哪个人可以找到这样的专业人士？

书面练习　11B
扩大你的人际网络
跳出舒适区、和新的人、群体、专业人士
建立关系

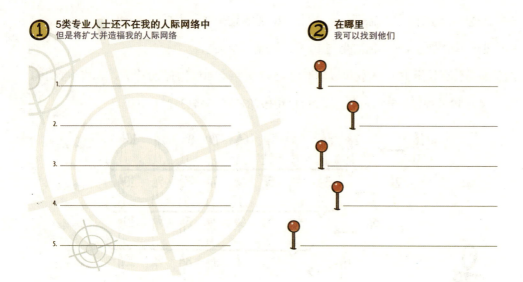

① **5类专业人士还不在我的人际网络中**
但是将扩大并造福我的人际网络

1.
2.
3.
4.
5.

② **在哪里**
我可以找到他们

你的世界远比你想象的更大

每隔一段时间我都会收到一些关于分享人际网络的反馈，就像这样："迈克尔，我认识的人不是很多，所以这对我没用。"没那么快，我的志向远大的朋友。克里斯 · 伊特曼（Criss Ittermann）——一个上过我的课程的企业主，向我展示了如何通过仅仅 10 个人的人际网络建立了 45 个关系。提高到 20 个人的话，你就可以拥有 190 个关系了。这看起来像趣味数学，但不是，这是阶乘。

这里展示了用 10 个人的人际网络工作的原理。

把 1 号分别介绍给 2 号到 10 号。这是 9 个关系。

2 号见过了 1 号，但是需要见 3 号到 10 号。这是 8 个关系。

3 号见过了 1 号和 2 号，需要见到 4 号到 10 号。这是 7 个关系。

4 号见过了 1 号到 3 号，需要见到 5 号到 10 号。这是 6 个关系。

5 号见过了 1 号到 4 号，需要见到 6 号到 10 号。这是 5 个关系。

6 号见过了 1 号到 5 号，需要见到 7 号到 10 号。这是 4 个关系。

7 号见过了 1 号到 6 号，需要见到 8 号到 10 号。这是 3 个关系。

8 号见过了 1 号到 7 号，需要见到 9 号到 10 号。这是 2 个关系。

9 号见过了 1 号到 8 号，需要见到 10 号。这是 1 个关系。

这就是为什么仅用 10 个人就可以创造出 45 个关系。如果你有 20 个人，你将得到 190 个关系，因为 19+18+17+16+15+14+13+12+11+10+9+8+7+6+5+4+3+2+1=190。

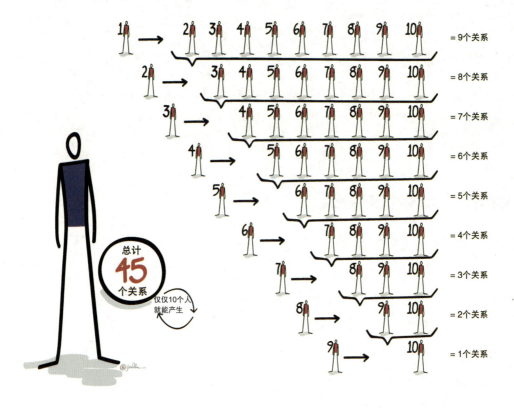

你的世界比你想象的要大得多。如果这些数字让你感到头晕眼花，没关系。顾客盈门软件将帮助你算好这些有趣的阶乘数学。你可以在 www.solid.ly 上面找到更多的信息。

分享你的知识

我随时都在推荐别人看书，经常有人问我："你怎么有办法读这么多书？"我总是报以微笑。小时候父亲担心我将来成不了大器，因为除了《哈代兄弟》外，他始终无法逼我读更多的书，但我现在每个月都读两本书。为什么有这种改变？我发现所有问题的答案都可从书中找到。更好的是，我可以选择学什么，以及向谁学习。有了书中得来的知识，我才有东西与他人分享。

你可能会想："如果我总是推荐别人的作品，别人会不会忽略我，直接从我推荐的书籍或来源得到他们需要的东西？"好问题！首先，如果人们喜爱你推荐的书或信息，他们很可能把你和获得的价值联想在一起。他们会感激你，因为你帮助他们达成了目标或改变了生活，也许只是学到了新东西，但是这种价值是不容低估的。你越有知识，你在人际网络中就越能建立起信任和信誉。读书是目前来说增加知识最好、最有效的方法。

阅读服务领域的相关书籍，可以让你轻松地与潜在客户或联络人展开谈话。事实上，他们可能以一个简单的问题开始与你谈话："你最近读什么书？"想象一下，老是有不认识的人推你、挤你。如果你手上拿着一本书，你想聊天的内容会是什么？你猜对了，肯定和那本书有关。还有什么比解释你手上拿的那本书，更适合用在你的顾客盈门对话中呢？

当然，这不只适用于纽约地铁。不管你到什么地方，总会认识别人，难免要和人打交道。如果你手上有一本书可以分享特定领域的知识，可以让跟你谈话的对象变得更好，又会怎么样呢？我知道你遇见或认识的人不见得都是目标市场，或乍看之下不像会介绍客户给你，但这无关紧要，你只是在寻找机会，分享你知道的事来为别人贡献价值。

顾客盈门行动步骤 先用这本书来尝试一下。随身携带。我知道这本书很大，但是带着它可以锻炼肌肉，所以接受这一点吧，可以跟别人解释为什么你在读这本书。你将有机会去谈论顾客盈门的哲学，从而给别人带去很多价值，你还可以谈论为什么它和你

自身的价值观是一致的，以及作为一个服
务提供商你可以做什么。这样你将很容易
就可以开展顾客盈门的对话了。

什么

问自己，一旦获得哪些知识，你的价
值增长就会最大，让你更能吸引潜在客户
和事业伙伴；清楚了解后便开始学习。你
在书籍上的投资将会带来意想不到的利益。
事实上，在《爱是杀手锏：如何在商业圈

● 分享你的知识

里既快乐又成功》一书里，桑德斯介绍了一套很棒的系统，可以用来阅读、理解和应用新
学到的知识，让你在业务上更容易与别人建立起深入的关系。

书面练习　11C

获得知识，分享知识

列举出五本你读的且你认为是你的目标人群必读的书。写出哪些人应该读五本中的哪
一本。

推荐书籍，为你的同伴贡献价值

列举出五本别人推荐你必读的，或者你知道
可以为目标人群贡献价值的书籍。一周内至少
购买一本。

插花术

书籍并不是我们知识唯一的来源。我们的
生活经历、观察和谈话也是知识来源。想一下

你在哪几个领域比较博学，至少列举五个，然后看看你可以帮到谁。做这个练习有很多乐趣。如果你知道很多关于跳伞或者插花（日本花道）的知识，也把它们纳入进去。你永远无法预料哪些主题可能会帮你建立起关系。

我看到这篇文章就立刻想到你

让我们再提升一个档次。每周送一本书给一个你希望与之发展深层次商业关系的人。配合一张卡片，写上你送给他这本书的原因——对你的意义和为什么你认为对他有价值。三个星期后打电话问他是否喜欢这本书。这个策略对那些特别不喜欢闲聊的人来说十分有效，因为你们可以找到话题来探讨。

现在，让我们再进一步。分享杂志、期刊和报纸文章比书籍的效果要更好，因为接收者可以更快地消化那些信息。每天，给你人际网络里的三个人发送个人的或者和专业有关的文章。我知道你怎么想，迈克尔，得了吧，这需要多长时间啊？你怎么想？我就是闲呆着没事做？不，当然不是。我知道你很忙。这也是为什么顾客盈门营销软件是非常有价值的。

例如，如果你知道鲍勃拥有一家小工程公司，并且聚焦于高科技领域。正好周一的《纽约时报》发表了一篇关于高科技工程行业现状的文章，你就可以把这篇文章发给鲍勃，有可能他根本还没来得及打开电脑。你的电子邮件附上了这篇文章的链接，同时还有你的便条："早上好，鲍勃。当我看到这篇文章就立刻想到了你。不知道你看过没有？当作者说到……我认为很有意思。"你只是分享给了鲍勃一些及时和相关的信息，这可能是被他忽略了的。不用说，鲍勃将会感到自己很幸运，因为还有别的朋友会想到他和他的需求。当然，你也可以采取老派的做法。就是每天阅读相关的信息，然后发给你名单列表里的人。如果手动发送三篇不同的文章给三个不同的人，一般需要一个小时。使用 www.solid.ly 则只需要十分钟。

顾客盈门行动步骤 ▷ 现在就尝试。去看你最喜爱的在线出版物，浏览一下今天的文章，当你找到一篇和你的人际网络的人相关的资讯时，就发给他，同时带着上面提到的便条内容。或者，去设置 www.solid.ly 的账号吧，让程序为你做这些事。

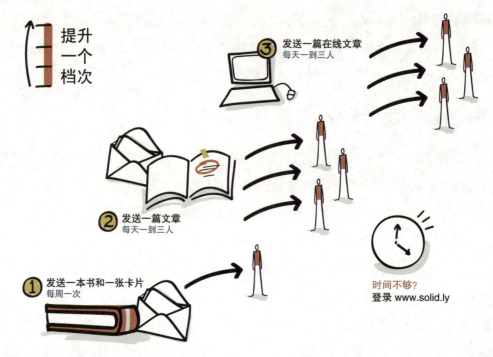

提升
一个
档次

③ 发送一篇在线文章
每天一到三人

② 发送一篇文章
每天一到三人

① 发送一本书和一张卡片
每周一次

时间不够？
登录 www.solid.ly

分享你的感觉

对服务业来说，除非人们感觉你对他们发生的问题能感同身受，否则是不会轻易雇用你的。表达同理心是让工作关系迈向成功的第一个步骤。你该怎么做？专注地倾听，交谈时要进入状态，尽可能微笑，用眼神交流，并且提出吸引人的、开放式的问题以表达你的好奇与兴趣。

通过提供符合对方需求的信息或资源，为对方带来价值。如果你无法提供别人所需要的，想一想你的人际网络中有谁可以满足这项需求，以及如何采取行动来引见给他们。记住，做这些事的时候不要期待任何眼前的回报。

顾客盈门行动步骤 想想近期有人对你表达同理心的事，不管是事业上还是个人生活中的。想想你在互动中的感受。你对那些表达出同理心的人有什么样的感觉？

表达同理心可以成为一个营销技巧吗？当然可以。你要伪装或是希望得到一些好处吗？不，这不是顾客盈门的方式。你可以用优雅和发展的方式去表达你的同理心，而不是伪装。

至少每周发一次明信片或电子邮件给你人际网络中的某个人来表达你的同理心。如果

如何

分享你的感觉

你知道他目前很难受，发一个便条表达你的同情。如果他被授予了一个奖项，就表扬他。如果他最近家有喜事，比如孩子结婚，那就恭喜他。这些简单但有力的动作会让别人感激你，认识你，让你在他们心中获得很高的地位。而且，更重要的是，你让别人对他们自己和他们所做的事情感觉更好。

这些顾客盈门行动步骤是你每天和每周的新的社交活动，你甚至不用离开家就可以全部做完。

- 你每天可以介绍人际网络中的两个人互相认识从而让双方受益。这会让你变成一个真正的链接人，为他人的需求着想。这是非常吸引人的品质。

- 你可以通过每周发送一本书，每天发送三篇文章给你的重要的人际关系伙伴来分享你的知识。这会让你看起来像个聪明人，让你可以有话题对他们说，在这个过程中建立你们之间的关系。

- 你可以每天在你的人际网络中对某人表达同理心，让她对自己感觉更好，从而让她庆幸自己认识你。

这些简单但是有意义的人际网络社交策略将会让你做到并保持顾客盈门很多年。你仅仅只需要每个工作日去做到这些即可。

无限的可能性

认识别人的机会是无穷无尽的。当你在分享关系、知识和同理心时，就是在建立人际网络。每当你学习别人所做的事、所知道的事，也是在建立人际网络。如果你在链接或撮合两个熟识的人，你也是在建立人际网络。

非正式的人际网络社交

以下的情况我们可能不认为是人际网络社交机会，但值得我们善加把握。我们每天都会碰到几十次这种机会：

- 在便利店结账排队时的闲聊。
- 在家附近录像带店租影片时。
- 遛狗时与邻居的谈话。

以遛狗时你看到的邻居为例。每天你遛狗会走过同样的路，每次在狗狗互相嗅的时候，你都会面带笑容和邻居闲聊。过一段时间后，你们开始互相熟悉了，你对他了解越来越多，而且会问候他的家人。他说很想明天晚上带着妻子出去庆祝结婚周年，但却又叹了一口气说："不过我们的保姆临时取消了约定。我真希望找得到临时保姆。"你想起你的朋友莎莉可能认识城里所有的保姆。于是你拿出手机，找到电话号码，打过去："莎莉，见一下鲍勃吧，他明天晚上想请一个保姆，我知道你认识很多保姆，所以我想也许你可以帮忙。"你边说边把电话交给了鲍勃。

这次交谈与做生意完全无关，但真的是这样吗？表面上这与生意完全无关，不过，你想鲍伯在他自己或认识的人需要你服务时，他会打电话给谁？鲍勃会非常激动，因为你挽救了他那次特别的夜晚活动。莎莉同样会很高兴，因为你给了她高度评价，并且让她得以展示自己在保姆行业的知识。他们在与你互动后感觉很好，所以对你念念不忘。更重要的是，你和他们的关系更加深了一层。"关系指数"就是你与网络中的人建立信任的指标，你对别人的生活贡献的价值越多，那个人就越信任你。

● 提升你的关系指数，即使当狗狗们互相嗅的时候。

书面练习　11D

非正式社交网络机会

好好想一想，你最近是否错过了与别人加深关系的机会？用下面的可视化工作表，列出五个人，如果你与他们分享知识、网络或同理心，就可能与他们建立起关系。

看出门道了吗？我猜你在很多地方都可以见到很多人，但是你从来没有有意识地用这种方式建立关系。当你这么做的时候，你将会贡献出价值，并看着自己的人际网络成长。

正式社交网络机会

有很多正式的商务社交机会，它们都充满了乐趣并且能提供丰厚的回报。

- 国际演讲协会（Toastmasters International）
- 商会会议
- 网络团体，例如国际商业网络（Business Network International）
- 贸易组织会议

做研究找出五个商业网络社交机会，让你可以在参加的时候为别人贡献价值，同时扩大你的网络。

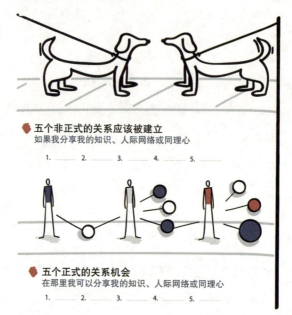

书面练习　11D

非正式和正式的社交网络机会
列举出非正式和正式的社交机会，可以贡
献价值并扩大你的人际网络

◆ **五个非正式的关系应该被建立**
　　如果我分享我的知识、人际网络或同理心

1.　　2.　　3.　　4.　　5.

◆ **五个正式的关系机会**
　　在那里我可以分享我的知识、人际网络或同理心

1.　　2.　　3.　　4.　　5.

社交网络活动——应做事项

放轻松并表现出真实的自我。和传统观念相反，你不一定要面面俱到。听起来似乎很老套，但是做自己就对了，除非你乐于在晚会结束时把领带绑在头上，跳进鱼虾沙拉盆里。老实说，人们愿意认识特立独行的人，或是制定规则和领导潮流的人，而非跟随别人亦步亦趋的人。所以别害怕充分展现本色。如果你充分表达自己，别人更会记得你。

- **要专注给予他人。**如果你专注于给予，那么肯定会获得回报。如果你专注在能获得什么利益，就不会成功。

- **要介绍自己给举办活动的人。**这个人可能成为你人际网络里极有价值的人。别忘了说声"谢谢"。

- **要为活动做准备。**记住举办者和主要人物的名字，确定你在这个场合中能与他人分享什么：你认识谁（但不要老是提你认识的名人）、你知道什么（但不要当万事通），以及你可以与参加这个特定活动的人分享哪些肺腑之言（不要预设立场）。你永远无法预料能不能改变某个人的一生。

- **要介绍自己给大人物。** 如果在某个会议或活动里你想见某个人，或某个你所在行业里的知名人物，你会上前对他说"我做什么工作，这是我的名片"？不！你要先以赞美开场，说"我只是想告诉你，你的成就给了我莫大的启发"，或者"你的成就激励我做了这个或那个"。然后下次你们出席同一活动时，你可以说"我很乐于提供一些能为你的生活或工作带来价值的事，我知道我从中可以向你学到很多东西"。

- **给予赞美或有用的信息。** 在第一次见到某人时，在任何可能的时候都要给予赞美、同理心，或介绍人们认识。当你说"你应该见一个我认识的人"，或"有一本很棒的书，我想可以解决你的问题"，对方会对你另眼相看，这是不同于别人走过来递张名片说："我们要保持联系"。如果你能在互动之后让他感觉更好、更振奋、更充满活力，他就会记得你。

- **通过提问展开谈话。** 这是一个好方法，尤其是当你紧张时，要把焦点从你身上移开，让别人发光发亮。同时这也能让你学到新东西。

- **采取主动。** 迎向别人，然后结交朋友。人们喜欢被问起有关他们的事、他们的嗜好或家人的情况。这是了解个人背景信息的好机会，能让你发现与他人的共同爱好，并使关系的建立更容易、更自然。

- **请别人加入你们的谈话。** 这十分重要。别独占谈话对象，尤其是当他是大家都想找的人时，如活动的演讲人，那会使演讲人感到不自在。记住，他必须会见许多人。别人若看见你独占谈话对象，也会感到不悦。秘诀就是，如果你想帮忙，就告诉演讲人你可以帮他引见什么人，或直接邀请别人参加你的谈话。这么做会让参加活动的人认为你十分慷慨大方，演讲人也会记住你曾协助他轻松建立了人际网络，并帮忙做了活动的导引工作。

- **向别人要名片，并保持联络。** 如果你想要得到名片，就有责任开口要，而且有责任做后续联络工作。在建立真正的关系时，质量比数量更重要。如果你跑遍整个活动现场向每个人递名片和要名片，就好像是在比较谁最后得到的名片最多，这可能会弄巧成拙。记住，别人给你名片，并不表示你就获得了把他列入邮件列表或电子杂志发送名单的许可。你可以发电子邮件进行后续联络，而且应该这么做，但不可以将他列入邮件列表，因为你没有获得许可。

社交网络活动——不该做什么

- **不要耍酷。** 别以吹嘘自己的成功来掩饰紧张，这会令人大倒胃口。

- **不要以"你做什么工作"当第一个问题。** 让它在谈话中自然出现。相反，你可以问对方为什么决定来参加这个活动。接着问问题就会带出他们自己的故事。例如，"是什么让你决定做这个生意的？"

- **别把活动大部分时间花在跟认识的人坐在一起。** 虽然跟认识的人坐在一起很自在，但你会变得太过依赖，这和参加活动的目的明显背道而驰。跨出你的舒适区，多认识几个新朋友。

- **别携带太多的东西。** 要一身轻便，减少携带的东西，免得你两手拿着大衣、皮包、手提箱、饮料或自助餐盘。保持右手空着，以便与人握手，或在名片上做记录。

- **别抱怨你参加的网络活动，别抱怨任何事。** 虽然抱怨可以让人打开话题，但这种话题并不好。设法改变话题，例如，"你吃过这里的虾吗？"

- **不要喝太多酒。** 有人喝酒希望得到别人的鼓励，但是当你打

不要耍酷，不要喝太多酒水不要带太多的东西。

着嗫含糊不清地做自我介绍时，肯定不会得到最好的第一印象。柠檬水是个不错的选择。

你的齿缝上有菠菜

我在本章介绍了许多技巧，告诉你在建立人际网络时该怎么做、不该怎么做，以及如何与别人互动，但技巧和原则有个很大的差别，而且原则比技巧更重要，在实践时应该优先考虑。如果你能运用好这些原则，自然就会做得很好。

例如，大家都说在社交活动认识别人时，应该看着他们的眼睛，用力握手，微笑，而且要不时点点头，但若是你这么做而不抱着给予的心态，再机灵也无济于事。如果你永远抱着给予的心态，慷慨分享你的知识、认识的人和你的感觉，那么即使你齿缝里有菠菜，手上流汗，也没有问题，因为人们会回应你呈现出来的本色。他们会以同理心，委婉地让你知道你的两颗牙齿间夹着一大片菠菜。

随时建立网络

你的获利来自能带给你生意的关系，可能是满意的客户介绍给你的；可能是其他专业人士请你演讲、写文章介绍你，或与你合作；也可能是录像带店的经理因为喜欢你每个周末带着愉悦的笑容光顾，以及你在他急需时介绍了一位很棒的保姆，所以有需要时会第一个想到你。

有了顾客盈门的建立人际网络策略，打造一个丰富的关系网络将不再是一件让人不堪重负和害怕的事情。我们每天都会与人建立关系，从不间断。现在我们要有意识地、更仔细地去做这件事，直到建立人际网络成为日常生活中自然而然的一部分。接着做后续动作，保持联络。你必须把每一个关系都纳入数据库，跟踪每一个关系。如果联络人不在你的数据库里，或者你没有采取必要的联络行动，你的网络就是毫无意义的。

你怎么想？你是否做好准备去进行社交从而获得更多客户、更多利润和更深入的关系？分享你的知识、你的人际网络和你的同理心，这将会让你离顾客盈门更近一步。

1 使用50/50社交原则，
你将会有多个赢家

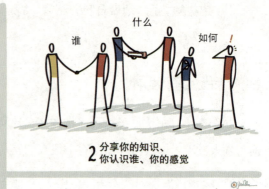

2 分享你的知识、
你认识谁、你的感觉

提升一个档次

3 发送你的人际网络感兴趣的
书籍和文章，提升一个档次

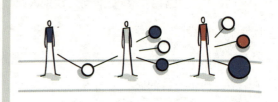

4 使用正式和非正式社交来
提升你的关系指数

第 12 章
直接联络策略

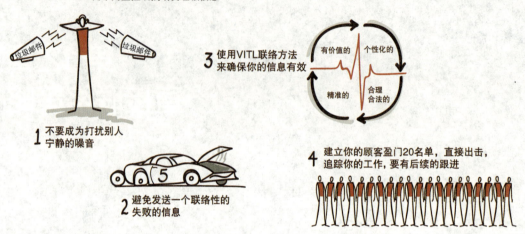

模块四
4.12 直接联络策略

直接联络潜在客户和转介绍伙伴，
而不用生拉硬拽或发垃圾信息

3 使用VITL联络方法
来确保你的信息有效

有价值的　个性化的

精准的　合理合法的

1 不要成为打扰别人
宁静的噪音

2 避免发送一个联络性的
失败的信息

4 建立你的顾客盈门20名单，直接出击，
追踪你的工作，要有后续的跟进

4.12 直接联络策略

你没击出的那一球将 100% 落空。

韦恩·格雷茨基（Wayne Gretzky，加拿大冰球明星）

作为一个企业主，你需要主动接触潜在客户、营销生意伙伴和其他决策者，以便创造生意机会。实际上，最重要的主动出击方式就是与其他专业服务人士和组织进行社交和交叉推广，并建立推荐合作关系。你将会发现使用顾客盈门直接联络策略可用于下列对象：

- 你目标市场中的一个理想客户或推荐合作伙伴；
- 可进行交叉推广、演讲活动以及发表文章的组织和协会的决策者；
- 新闻媒体；

- 各种各样的生意开发机会。

干扰客户宁静的噪音——垃圾信息

你知道，发送垃圾信息不是顾客盈门系统的做法。以前不是，以后也不会是。在互联网发明以前，主动出击是很常见的营销策略。我估计今天仍旧很常见，但不幸的是，它常常被视为垃圾信息。你和别人联络时必须非常小心谨慎。

垃圾信息通常被认为是没有获得接收人许可而主动发送的邮件或电子邮件，通常是群发给邮件列表。然而，我想现在人们认为垃圾信息的范围和定义都扩大了。今天，有很多方式可以给你贴上垃圾信息发送者的标签，即使当你认为你是在为潜在客户和商业伙伴提供服务时。

你会被贴上垃圾信息传播者的标签

- 直接发送未经许可的包含销售信息或商业的提案给潜在客户；
- 陌生电话。很多人认为这是另外一种垃圾信息，因为是未经许可的；
- 使用社交网络。即使通过 Facebook、Twitter、LinkedIn 和其他一些社交媒体平台和个人直接联络也会被认为是无关的信息发送者，或者更恶劣，被认为是垃圾信息的传播者。在博客或者其他社交媒体网站，甚至是你朋友的 Facebook 网页上发表评论，如果看起来像自我推销，也会被视为垃圾信息。

你没有找到他们，他们现在可以找到你

客户现在可以找到你，但是你不能因此放弃你的营销责任。你需要为你提供的服务创造感知度，这样当你的潜在客户寻找类似的服务时，就会找到你。谷歌改变了顾客和商家互动的方式。当人们在线搜索时，他们希望越过很多垃圾咨询去找到他们想要的信息，因为这会让他们感觉到自己可以控制整个过程。当他们找到想要的，如果正好是你，他们将会允许你去为他们做营销。

我们不得不赢得他们的注意力，而不是去要求

我的同事许可营销之父赛斯 · 高汀说道："去做你想做的事，只要你站在后面并且不会麻烦到我。如果你想销售磁力手链或者上传不雅图片到你的网站上，这是你的责任，你的选择。想要找一个画着驴子、裸体变戏法的人和各种违法行为的网站？这是垃圾，肯定的，但是它就在那里。你只是不得不找到它。当你出现在我的门口，当你的噪音打扰了我的宁静时，垃圾就变成了垃圾信息。"

他们不愿意听到未经请求的联络。

这就是为什么尽管比以前更容易制造噪音和引起注意，但直接联络变得比以往都要更让人警惕。当你出击时，未经允许地向一个潜在客户或者商业伙伴谈起一个商机时，他们会默认你是垃圾信息传播者，在打扰他们的和平和宁静。公平吗？没关系。治愈自私，消除各种垃圾信息，这是你我都要处理的实际问题。不要制造噪音打扰别人的宁静。

我认识你吗

有时，理解一个概念最简单的方式就是看真实的案例，弄清楚哪些可行，哪些不可行。不是说你不要去做直接联络。正相反，我希望鼓励你去做更多的直接联络，但是要确保你采用的是深思熟虑的、有同理心的、相关的和高度专业的贡献价值的方式。

为了确保你一直都用这种方式，我将展示给你一系列别人发给我的大错特错的直接联络信息。我把涉及其中的人员的名字都改掉了，以免伤及无辜，但是下面的信息来自真实的人。实际上，我非常确定这些信息都是由辛勤工作的专业人士发送的。不幸的是，他们还没有学习到如何直接联络，因此，他们的信息就会抛锚而无法有效传递，就像赛车错过了加油站一样。

让我们看一下这个失败的尝试，它出现在我的 LindedIn 收件箱里。

直接联络的失败例子 #1

LinkedIn 推荐

玛利亚正在请求获得一个对她工作的认可。

亲爱的迈克尔，

我给你写这封信是想让你帮我的著作写一个简短的推荐序，这样我就可以把它放到 LinkedIn 上。如果你有任何问题，请告知我，在此对您给予的帮助先表示衷心的感谢！

玛利亚

推荐玛利亚对你而言只需要花一分钟，但你的推荐可以帮助玛利亚：

- 雇用别人或者被人雇用。
- 获得顾客和合作伙伴关系。
- 打造强大的专业声誉。

这封邮件是通过玛利亚在 LinkedIn 的邮箱发送给你的。如果你有任何问题，请联络 customer_service@linkedin.com。

为什么玛利亚的请求有问题

首先我不认识她。既然我不认识她，为什么我要推荐她被雇用，赢得客户和合作伙伴关系，并且打造强大的专业声誉呢？为了得到我的推荐，她做的所有事情只是给我发了一封邮件，很明显她并没有做出任何努力。我的 LinkedIn 个人档案中对外显示我不会查收 LinkedIn 上面的邮箱。我要求别人用公开的邮件地址联系我。

玛利亚应该做什么

首先，如果玛利亚认为我值得推荐，她应该先给我做一个推荐，永远都要遵循"先给予再要求"的规则。如果和我联系对她来说是很重要的，那么她应该在她方便的情况下，找机会与我见面。她可以在我的博客上评论，或是在 LinkedIn 资料或 Facebook

◆ 如果你运用错误的方法，你的联络信息将会抛锚。

粉丝页面上发帖。这将会引起别人的注意和感谢。她可以发邮件到我的公开电子邮箱以表示对我工作的欣赏，或者用一些别的方式通过一些活动和我建立个人联系，而且并

不要求任何回报。

我的建议跟我的专业地位没有任何关系。我会用这套方法去接近所有的人。当然，如果你要联络的人已经熟悉你的工作和姓名，那么联系的进程将会加速。如果你认为这仅仅是新的生意人的直接联络方式有问题，就再好好想想。

格式化信件会如撞车般碰得头破血流

下一份电子邮件来自一位代表作者和大型出版社的营销公司的公关经理。我并不认识这位发件人，我和该出版社也没有什么联系。其中所有参与者我都用了化名。

一个营销公司的公关经理联络一个作者推荐另一个作者的书是很糟糕的主意吗？不，一点也不。实际上，作者出名的主要方法之一就是得到别的作者的推荐。如果你的首次联络看起来像自我推销，那么你将如撞车般碰得头破血流。

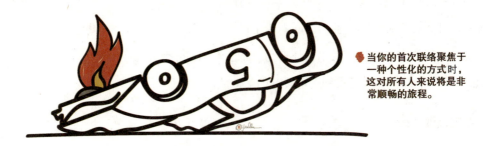

◆ 当你的首次联络聚焦于一种个性化的方式时，这对所有人来说将是非常顺畅的旅程。

直接联络的失败例子 #2

亲爱的波特先生

我还没有得到你的回信。这是一个绝佳的机会，可以让你的产品吸引众多寻找此类材料的读者（上一次有超过500万人关注到了我们的新书营销活动）。你不仅仅可以给你的订阅用户一个不可思议的大礼包，还可以导入更多的流量到你的网站上，从而扩充你自己的邮件列表。记住，这些都没有成本。《纽约时报》畅销书×××所做的营销活动。

点击下面的链接看一下我们为约翰·史密斯（John Smith）的

http://www.longurltoasalespage.com

如果你想参加或者你有任何问题，请立刻跟我联系。

谢谢！

安德丽娅·蒂弗奈利（Andrea Tiffonelli）
助理公关经理
激进营销有限公司

首次与客户联络的更好方式

现在，让我们看看更好的做法是什么样的。看看下面的例子，她的第一封信十分简洁。如果很短的话，我就可能会阅读。另外，注意到了她是如何立刻介绍自己的吗？非常清晰！我不需要再去研究她是谁，她是做什么的或者她代表谁。

在信件的第二段，安德丽娅透露个人信息向我说明了两点：

1. 她发给我的不是格式化的垃圾邮件。

2. 她至少阅读了我的一些著作，并且知道为什么我从事目前的事业。

当你以一种个性化的方式与你的客户首次联络时，这对所有人来说都将是非常顺畅的旅程。

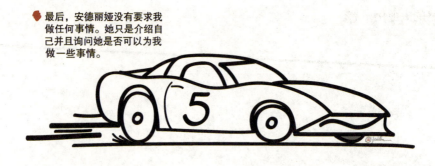

最后，安德丽娅没有要求我做任何事情。她只是介绍自己并且询问她是否可以为我做一些事情。

直接联络更好的做法例子 #2

亲爱的迈克尔，

　　我叫安德丽娅·蒂弗奈利（Andrea Tiffonelli），我是激进营销有限公司的助理公关经理。我们代表作者并且帮助他们促销他们的书籍。

　　我今天写给你是想让你知道我是你的粉丝，并且我很欣赏你教授的营销方式。它真的可以帮助那些不喜欢传统营销和销售方式的人——就像大多数我代表的作者一样。

　　我想问候你并感谢你的工作。如果有需要我帮忙的地方，请随时告知。

你真诚的朋友，
安德丽娅·蒂弗奈利（Andrea Tiffonelli）
助理公关经理
激进营销有限公司

不要做装腔作势的人

　　你不妨想象一下，有个叫约翰的人给你打电话，他之前了解了你的一点背景信息。他看起来对你的工作和立场有所了解。在交谈了一会儿后，他暗示说对你的服务很感兴趣，并且问你是否愿意喝杯咖啡面谈一下，以便让他了解更多。你同意了，并安排了时间和地点。

　　你到了后，点了杯咖啡，在闲扯了一阵之后，你问道："好吧，约翰，你有什么问题要问我？"他采用销售话术说了他自己的生意，并且声明你需要他卖的东西。

　　这可不是直接联络客户的做法。如果你认为你需要做的只是跑到别人面前"成交"，那你就大错特错了。当你只关注你自己的利益时，不要误以为别人也会对你的服务感兴趣。

❀ 如果你对要求客户见面的原因撒谎的话，那咖啡会凉得很快。

避免绝望的联络措施

　　你可以通过很多不同的方式去联络别人：你可以写电子邮件、寄信或者明信片；你可以通过社交媒体网站，包括但不限于 Facebook、Twitter 和 LinkedIn 去联络别人；你可以用电话；你可以使用我称之为不拘一格的直接联络方式，只要你不被拘捕即可。你可以用降落伞降落在谷歌 CEO 家的后院，因为你认为你有一项很棒的服务可以提供给他。这会让你受到关注，但是不是一种好方法，那就是另当别论了。

　　这些联络方式可以作为乐器去演奏美好的音乐，也可以成为大规模杀伤性武器。这完全取决于你如何使用它们。温斯顿·丘吉尔说过："看得太远是一种错误。你一次只能处理你命运链上的一环。"当你运用直接联络的方式取得进展的时候，你要牢记这一点，这样你才能够避免采取令人绝望的直接联络方式。久而久之，你将会与客户建立起信任并最终取得成功。

● 你用特别的方式会得到关注，但这并不总是一种好方法。

当你和其他人联络时，你将经历关系发展的若干个阶段。在每个阶段中，你应该尽可能地赢得新朋友更多的信任，并建立起更多的信誉，这和第6章中"顾客盈门销售周期"很相像。而且，就像销售周期一样，没有两段关系的发展是会完全一样的。没有一个秘密公式会保证所有人都会爱上你并且按照你希望的方式去做，但是有些方法可以让你知道应该联络谁，在什么时间，用什么方式，并且是否该重新做一遍。这个方法需要完善的社交智慧。

当你掌握内幕后，你将联络更多人

如果你正在陌生拜访、出击、介绍或是游说都没有问题。如果你事先不了解你要接触的人或生意而采取上述方法，你会发现自己会很疲惫，浪费了时间，却不会有人想要你的产品。没有人想成为一个低劣的、可疑的、莽撞的或没有准备的销售人员。

所以，你说你想要创立一个取之不竭的热心的能填满你的银行账户的客户池塘吗？你想要顾客盈门？那么，帮我个忙。站在前台，正中央，了解你希望认识的所有人。当你做好准备时，你所有的努力和信心都不会被弱化。所以，要发现……

1. **什么可以激励这个人**？什么可以真正让这个人才华横溢？什么可以让他的眼睛放光？可能是生意、家庭或者爱好。看看他的桌子上或者他的网站，又或者社交媒体页面有哪些照片、书和其他东西。他正在读什么书，他推荐别人做什么，或对哪些事情真正感兴趣？

2. **这个人取得过什么成就**？做一个在线搜索。如果你还不知道她的笑脸是什么样子。

如果你做好准备再登场，你将会得到喝彩。

去她的网站或者谷歌搜索一下图片，谁在为她唱赞歌？她得过奖项吗？她受到了公众的认可吗？或者有出版物报道过她吗？

3. **你们有哪些共同爱好**？你们的发展路线是如何交叉的？表达你的同情、热情，并理解这些共同的爱好。将你的焦点始终放在人的身上。用这些共同的爱好作为起点去探究更多他们对于这个世界的感知和理解。

4. **这个人的同伴是谁？** 你们有共同的朋友或重叠的社交圈吗？你们有相同的 Facebook 朋友或 Twitter 粉丝吗？你是否已经在这些圈子里了？保持消息灵通以及和其他人的联系。

5. **你提供什么样的独特价值？** 其他人喜欢你使用哪种方式来做生意？保持简单，了解你的强项。展现出别人愿意和你交往并做生意的状态。

6. **什么让你兴奋到想要了解或和这个人一起工作？** 我们都希望被感谢并得到认可和尊重。分享人们的工作和意见是怎样影响你的。保持积极性，做你自己，并充满敬意。

7. **对这个人来说，什么让你相信是有可能的？** 不管我们表现得如何自信和成功，我们所有人的信念都会有一定的局限性。你是否看到过一些让人们止步不前的商业或生活的领域？基于这个人的愿望和需求，详细描述一下你看到的他身上所具有的真正潜力。当你们互相认识了解之后，你可以决定与之分享这些你所看到的东西。

8. **在这个人的生活中你的现状和角色定位又是怎样的？** 不要过分评估或夸大自己，或别人和你一起工作或联络的理由。关于你可以带来的价值以及你们关系进展的看法要实际些。最好的关系应该是慢慢发展并且以信任作为基础的。

9. **如何让你变成这个人不可或缺的合作者？** 你真的清楚人们了解你并跟你一起工作的理由以及他们与你共事的方式吗？你是否相信通过你以及你的服务所带来的益处能够让她的生活更幸福、更简单、更丰富、更富有，或只是更好？

如果你传播垃圾信息，客户的大门将对你关闭

销售并不总是明智的，联络也并不总是很酷的。即使你的主张看起来完美……生活、决定以及人际关系一直都会受到潜移默化的影响。我们第一眼就可以看到其中一些最基础的影响因素，而另一些则需要花更多的时间才能看到。

但是，当你看起来知识丰富并且准备充分时，你越能说出你想要服务的人群的需求，你就越接近满足别人和你自己的需求。你将会得到你所渴望的东西。而且，当你了解客户并与之分享时，你们之间的沟通将更加简单并充满欢乐。客户的大门也将为你敞开，并开

始接受你的服务，付钱给你。

当你采用直接联络策略时，请确保你的努力是有的放矢的、个性化的、有价值的并且合法的，这样它们就不会被认为是垃圾信息，反而会让客户对你产生感激之情。

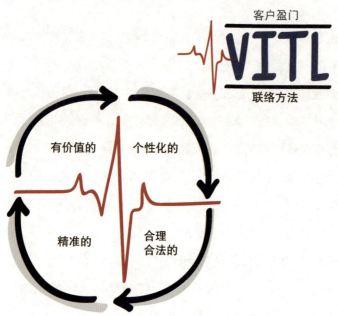

直接联络策略全都是关于和客户建立联系的。不论你使用下列哪一种直接联络方式，你都应该从内心中和他人联络，这样会让你看起来更加真诚和真实。

我当演员时（那是我的第一份工作）还算小有名气，参与过《欲望城市》《危急最前线》《法网游龙》《我的孩子》《绝对机密》《来去天堂》等许多影视剧的演出。我也参与过数百部电视广告及配音，但最后为了在企业界追求我认为更有意义和稳定的事业，毅然决定退出演艺圈。可我的想法真的很天真！总之，我记得老是把演员面试搞砸，因为我一心想打全垒打。我没有专注于争取录取通知，而是专注在争取角色。我应该专注于争取通知，再努力争取和制作人见面；一旦和制作人见过面，再争取角色试镜等。我希望你用这种方式进行直接联络，一次做好一个步骤就会很顺利，而且更能展现你的真诚。

全视角的社交智商

当我被问到："有史以来最好的营销和销售书籍是哪本？"我的答案永远一样："在我写的书之外还有吗？"开个玩笑。认真来说，我的答案只有一个，那就是丹尼尔·戈尔曼（Daniel Goleman）写的《社交商：人类关系新论》，他是一位非常受欢迎的大众科学作家。我们绝对需要利用社交神经科学的研究来学习如何营销和销售专业的服务。这本书的核心理念是社交商是一个人理解他人的环境并做出反应以建立成功关系的一种能力。成功的关系可以确保直接联络的成功。

你可能喜欢也可能不喜欢这个概念，这取决于你对自己的解读，但你在很多创业方面的努力是否能够成功主要将取决于你的自我认知和社交技能。有能力了解你自己和发生在别人身上的事，并有技巧地回应他们就是社交商的问题，而不是看你掌握了多少不同的机灵的说话技巧和方法。

根据戈尔曼的说法，人类是通过社交神经网来建立起彼此间的联系的，就像好莱坞蝙蝠侠的快速射击神经突触一样。这就意味着你是可以跟营销和销售联网的。

令人欣慰的是，戈尔曼相信和别人建立连接的能力是可以通过练习和开发学会的。关于你直接联络的成功没有任何神秘可言。为了加强你在真实世界里联系真实的人并提升你的社交商，你需要用勤奋、反馈和承诺去提升，花一些时间去学习：

- **自我认知**。在凭借本能的感觉去做决策时，能够了解自己的情感并认知到它们作用于别人身上的一种能力。
- **自我管理**。自我管理包括控制你的情绪、冲动，以及适应环境变化的能力。
- **社交认知**。社交认知是当你试图去理解社交网络时，你感知、理解和对别人的情感做出反应的能力。
- **关系管理**。当冲突发生时，你启发、影响和发展别人的能力。

如果你愿意更提高你的社交商，发展你的认知并适应环境，以及建立起人际关系的能力。这种品牌一样的智商将是你直接联络策略中最重要的一个组成部分。

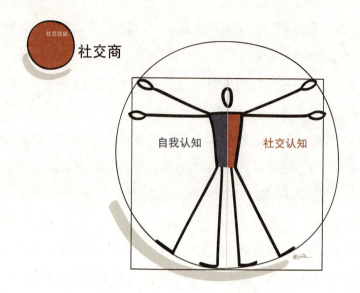

社交商

社交技能

自我认知　社交认知

书面练习　12A

顾客盈门的 20 人名单

　　永远不要让名单离开你。把它放在桌子上，装进你的电脑里和你一起旅行。你的成功很大一部分取决于在这个行业里的人愿意把别人介绍给你，或者愿意将你推向前台去面对理想的客户，所以你需要优先记住这些人。把这份名单随时放在身边，会让你时刻想到他们。如果你这样做了，就会发现有很多机会可以和他们建立起关系并深入了解他们。20 是一个很好的数字，因为为了让你更加聚焦，这个数字已经足够大了，而且为了让你不至于不堪重负，这个数字又足够小。

　　使用下面的可视化图表：

　　步骤 1：确认最少 3 个，最多 20 个你希望由你个人直接联络并建立起专业关系的人。

这些人你还不认识，包括：

- 你目标市场中的有影响力的人；

- 预期的客户；
- 组织或机构中的决策者；
- 新闻媒体、线上和线下出版机构的联络人。

这时，你可能不认为你可以填满 20 个人的名单，但既然知道该做什么了，你就应该开始有意识地把人添加到这个名单里。你将会看到在很短的时间内，你的名单就将远远不止这 20 个人。

顾客盈门行动步骤 ⤷ 联络你名单中的第一个人，然后把她加入到你的后续跟进系统，之后再添加新人到你的 20 人名单里。

书面练习 12A
顾客盈门的 20 人名单
列出 20 个虽然你还不认识，但是可以让
你顾客盈门的人

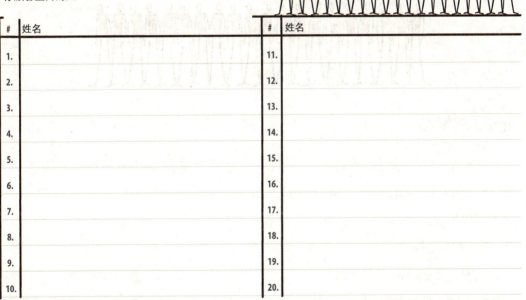

#	姓名	#	姓名
1.		11.	
2.		12.	
3.		13.	
4.		14.	
5.		15.	
6.		16.	
7.		17.	
8.		18.	
9.		19.	
10.		20.	

随时跟进你的顾客盈门 20 人名单

在我们的 www.solid.ly 上面的顾客盈门营销软件，有一个特殊的部分是针对顾客盈门 20 人名单的。下面是这个软件的工作原理。（如果你没有使用过这个软件，确保你用别的

方式来跟踪这个流程，并且要设计一个责任架构来确保你可以完成它。）

- 系统每天都会提示你和排在名单前列的人联络，并且给你选项如何去和他联系。

- 在你联络完这个人之后，系统会把这个人排在第 20 位，并且会提示你在 20 个工作日后再跟他联络。这样下来正好大约是 1 个月的时间。

- 既然这个人被移到了名单里的最末位，那么本来在第二位的就变成了第一位，而其他人也都会上升一位。这种方式可以使你的 20 人名单永远保持 20 个人。

这种直接联络的方式每天都在发生。你每天都会联络一个新人，同时也会跟进之前联系过的人，这才是关键。投入的、严于律己的、有决心的行动是直接联络成功的关键。记住，顾客盈门 20 人名单是你的愿望清单。你名单里的 20 人将通过他们的推荐、介绍和建议对你的生意产生巨大的影响。每天做这件事，你将很快就能顾客盈门了。

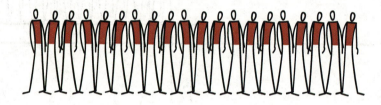

介绍你的情况

当你们的关系发展到一定程度时，是时候说出你的需求了，通常在你最初献殷勤之后，下一步就是展开说明你和她联络的原因以及你的需求。当人们考虑你的提案时，会有意识或下意识地关心三件事：

1. 这会成功吗？

2. 这值得做吗？

3. 这个人能说到做到吗？

如果每个问题的答案都是坚定的"是！"，你就过关了。即使客户只对其中的一个问题皱起眉毛，那你跟这个人的缘分大概也就到此为止了。如果想让直接联络发挥效果，所有这些问题都必须得到肯定的回答。而且，为确保你做好所有的基础工作，在你打电话、发出信件或电子邮件前，不妨先问自己以下的问题：

- 联络内容是否提到客户的成就？

- 我是否表示会有后续联络？

- 我是否知道该如何进行后续联络？

- 我的表达是否直接但不会咄咄逼人？

- 我传递的信息是否足够真诚？

- 我是否清楚下一步该做什么？

不拘形式的直接联络

吸引别人的注意力有许多种方法，但只有在呈现你的优势时，注意力才有价值。如果你有创作天分，而且乐在其中，就可以从构思和执行不拘形式的直接联络中获得许多乐趣；因为，有时候你特别想联系的一个人恰恰会没有注意到你。

多年前，我是一家娱乐公司的副总裁。我的一位老板要我想尽一切办法去联络一家大化妆品公司的主管，请他们赞助我们的节目。问题是那位主管不接我的电话。我试着向老板解释自己老是碰壁，但他还是坚持要我设法去完成任务。

在我尝试约见那位主管好几个星期正打算放弃时，有一次我打电话去的时候，他的助理（我有史以来遇到的最严格的看门人）不经意地说出他正在外面吃午饭。我以闲聊的语气问："哦，是吗？他今天吃什么？"她脱口而出："中国菜，他的最爱……""好吧，谢谢你，祝你愉快！"说完我就把电话挂了。

第二天我订了一桌丰盛的中国菜，请人送去给他。我把计划书也加了进去。食物送到20分钟后，我打电话给他，这一次马上被转接过去。我说："能不能请你现在看一看我们的计划书？"他回答："不行。"我问："为什么不行？""因为我不喜欢你送过来的菜色。"我问："那你喜欢什么菜？"他告诉我，然后我说："如果我明天送这些菜过去，你会看我的计划书，和我见面吗？"他说："不行，但我会看你的计划书。如果我喜欢，我会安排和你见面的。"我说："好极了，你希望我什么时候再联络你？"他告诉我，然后我们相互道别。

后来他很喜欢我的提案，而且也跟我见了面，但我们并没有做成生意，就像我跟老板说的一样，我们的公司和他们确实不匹配。不过我们变成了朋友，后来我离开公司开创自己的事业，他还为我介绍了第一个客户。人生的确充满了神奇。

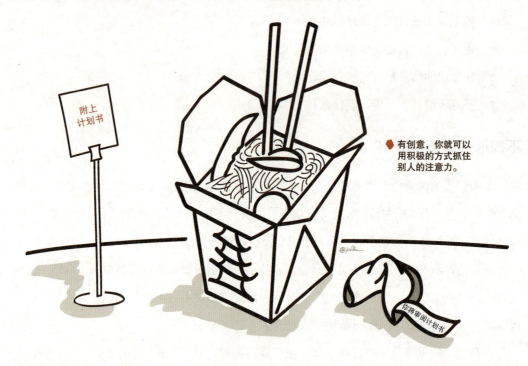

附上
计划书

有创意，你就可以用积极的方式抓住别人的注意力。

你将审阅计划书

书面练习　12B

以出其不意的方式建立个人关系

我有一个客户打算联络一家大型跨国公司的会议筹办人，但始终无法让那位筹办人抽出时间来见面，于是他在尝试了所有其他直接联络的方法后，给她寄了一个椰子，并附上一张字条说："你实在硬得像椰子一样，你知道吗？"这个筹办人打电话给他安排会面时间的时候，还笑个不停。

可见以创新的思维想出有趣、别出心裁、不拘形式的直接联络方式，吸引联络对象的注意力是完全可行的。真的要放开束缚，让创意自由奔放。

步骤1：列出五种出其不意而独特的建立个人关系的方法，尤其是在采用传统方法而始终无果的时候。

书面练习　12B
用出其不意的方式去联络
列举出去建立个人关系的独特的方式

附上
计划书

①	②	③

直接联络计划

联络潜在客户和顾客有很多方法，但如果没有计划，上述概念都不会奏效。在确认想联络的人或组织后，你该怎么做？你是否制订了一套计划，然后执行？没有？没关系，因为现在你将开始制订计划，而且你的新计划将为你带来可喜的成功。每天当你用顾客盈门20人名单工作时，可采取以下几个简单的步骤：

1. 确认你想联络的特定人士；

2. 选择你联络他时所采取的步骤；

3. 为你的计划拟订时间表；

4. 执行计划；

5. 评估效果。

耐心和坚持终将获得回报

　　你必须意识到直接联络没有任何秘诀，如果有什么诀窍的话，那就是在开发业务的每一个日子里都要坚持不懈地行动。直接联络和建立人际网络与保持联系一样，必须成为日常生活的一部分。你必须投入时间，只要你有耐心并坚持不懈，总有一天会实现顾客盈门的目标。

1 不要成为打扰别人宁静的噪音

2 避免发送一个联络性的失败的信息

3 使用VITL联络方法来确保你的信息有效

4 建立你的顾客盈门20人名单，直接出击，并对你的工作进行后续的跟进

第 13 章
推荐营销策略

模块四
4.13 推荐营销策略

学习如何运用推荐流程在各阶段让每个客户自动推荐客户

1 推荐人将帮助你制造滚雪球效应

2 推荐前的工作：在要求推荐前，要三思而后行

3 抓住眼前的推荐工作：不要拖延——要求推荐客户

4 推荐后的工作：跟进，否则你将一无所获

4.13 推荐营销策略

在给予中，我们便有所得。

圣方济（Saint Francis of Assisi，方济会创始人）

想象一下，在你享受与每一位客户建立起来的深厚关系的同时，又能吸引比你现有客户多三四倍的新客户。这不仅可能做到，而且既简单又不用花费昂贵的成本。关键在于，要建立客户推荐机制。通过制订一套系统化的推荐计划，你就可以立即轻松地增加潜在的新客户。

推荐而来的客户通常有更高的忠诚度、稳定性，对你而言，这比其他类型的潜在客户都要更适合。

顾客盈门推荐营销策略有四个阶段：

1．推荐前的工作。

2．抓住眼前的推荐工作。

3．推荐后的工作。

4．持续的推荐工作。

制造滚雪球效应

如果客户喜欢并尊敬你的话，他们会乐于向亲戚朋友推荐你的服务与产品。事实上，不管是直接还是间接的方式，大部分找你的客户都是口耳相传推荐的结果。如果要我猜，我会说你一定没有一套计划来充分利用口耳相传促销所带来的好处。

在目前没有推荐系统的情况下，你能得到多少推荐客户？如果把这个数字乘以三或四倍，大概就是你下个月可以增加的推荐客户数。顾客盈门推荐营销策略教你如何通过那些知道并信任你的人来制造出滚雪球效应。比起随意性的工作，有意识地去做推荐，就像造了一个巨大的雪球可以越滚越大。

◆ 如果你的转介绍人信任你的话，他们将帮助你制造滚雪球效应。

推荐前要做的工作：三思而后行

很多小企业主没有投入太多精力做推荐的准备工作。不做好事前的准备，你会：

- 失去确认合适的推荐人的机会。

- 如果你没有一套系统去跟踪推荐活动，你就无法进行后续跟进。

- 如果收到的被推荐者并不是你的目标市场和理想客户，那就会浪费大家的时间。

- 如果没有经过周密的思考就要求推荐，你就会冒着有损你和推荐人之间的关系的风险。

顾客盈门推荐营销策略可以让你简单让你的推荐客户呈指数级增加。

推荐前要做的工作包括：

1. 回顾：进行过往的推荐客户分析；

2. 前瞻：发现推荐机会并做好追踪日志；

3. 内省：用推荐人的视角来思考。

推荐前要做的工作

书面练习　13A

回顾：过往的推荐客户分析

让我们先来看看你现在如何获得推荐客户的。通过借鉴以往客户或同事推荐客户给你的情形，你可以使用这一模式持续地帮助你获得想要的结果。

使用下面的可视化图表完成这个书面练习。先回忆上一次某个经推荐而来的理想客户是如何找上你的：

1. 推荐人是谁？

2. 推荐客户的目的是什么？

3. 推荐客户是否立即需要你的服务？

书面练习　13A

推荐客户——回顾

通过分析以前的推荐客户来确定，采用哪种更好的方式在未来持续地吸收更多的推荐客户

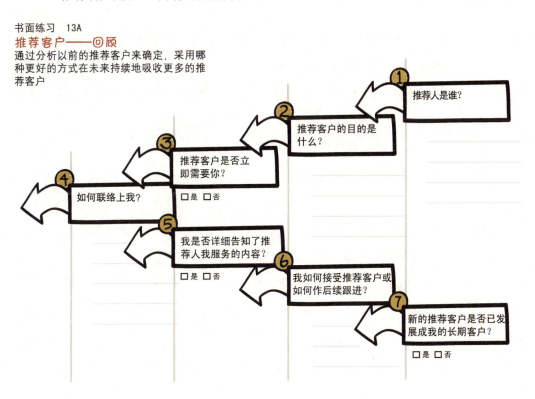

4. 推荐人或潜在客户是如何联系上你的？

5. 在推荐人介绍客户给你之前，你是否详细告诉了他你的服务内容？

6. 你如何接受推荐客户，又是如何作后续跟进的？

7. 新的推荐客户是否发展成了你的长期客户了？

你可能已经注意到自己在创造推荐客户方面的优势，或者这个过程的某些部分需要多加注意。不管是哪一种情形，我们正在为你制定一套轻松容易而且会带来丰厚报酬的流程。

书面练习　13B

前瞻：发现推荐机会做好跟踪日志

推荐机会就在你的四周，而且因为你没有注意到，或者没有采取行动，大部分的机会此刻正从你的指间滑过。你可以先选择一周当中的一天，集中精力找寻在哪里和何时可以要求别人推荐客户给你。现在不必紧张，你只是在练习发现潜在推荐机会的能力。专注地在心中探索每一个可以要求推荐的机会。

使用下面的可视化图表完成这个书面练习。

步骤 1：根据以下书面练习中所涉及的七个问题来创建一个推荐跟踪日志，开始追踪每天的推荐机会。

步骤 2：久而久之，就会记录下哪些工作有用、哪些工作无用。在互动中学习成长，再调整你所做的事情、所说的话来提高你发现推荐机会的能力。

你的推荐跟踪日志应该专注于与推荐客户互动的细节，这将帮助你发现哪些推荐程序有效，哪些是无效的。如果仔细研究这些互动环节，就能从中学习并调整行为，进而大幅提高要求推荐的能力。不久，你就会惊喜地发现，每天出现在你面前的有如此多的未加利用的推荐机会。

书面练习 13B

推荐客户——前瞻

继续往下进行，记录新的推荐客户加入的情形，以使在未来持续地吸收更多的推荐客户

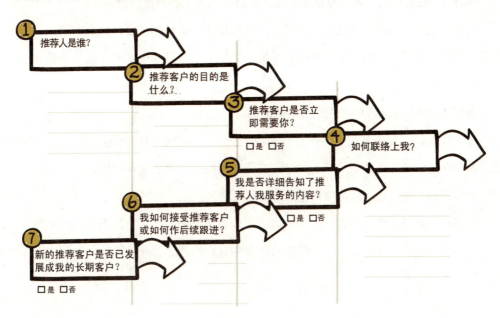

书面练习 13C

内省：站在推荐人的角度看问题

下列四步可以帮助我们站在一个推荐人的角度来看问题。

步骤1：明确客户的利益和别人推荐客户给你的原因

在要求别人推荐时，你心中要想着客户跟你合作可以得到哪些利益。这些利益也是推荐来的客户同样会体验到的。当有人推荐一些需要帮助的人给你时，推荐人能得到哪些情感、社会和专业上的利益？

步骤2：确认要寻找的推荐客户类型

还记得你的红丝绒绳策略——只和你最喜欢的理想客户打交道吗？写下那些帮你推荐

了优质客户的人的类型。他们可能不知道该推荐谁给你，所以你要让他们清楚简单地知道推荐什么样的人是适合你的。

步骤3：明确你的推荐人应该去哪里才能找出理想的客户推荐给你

写下一些你的推荐人可能遇见和推荐一些优质客户给你的场合。这个步骤的目的是帮助客户和熟人了解，他们认识的哪些人最能从你的服务和产品中受益，以及他们在哪里可以找到这些人。

步骤4：和推荐人说明并沟通应该如何推荐

应该让你的推荐人与潜在客户进行简单的交谈，以便更加有效地让推荐客户联络你，接受你的提案。这件事不能只靠运气。你必须清晰地传达你能帮什么忙，从而与你真正想服务的客户建立起联系，这是顾客盈门的必要条件。

写下你希望推荐人推荐客户给你的方式。你希望他们说什么？你希望他们怎样谈论你所做的事情？你希望他们使用什么样的语句去和客户沟通？要非常具体。记住，别人如何谈论你完全取决于你。

书面练习　13C
推荐客户——内省
站在推荐人的角度来确认他们为什么推荐某人，
在哪里以及如何为你推荐理想的客户。

抓住眼前的推荐工作，拿下它

1. 如何要求你的客户推荐他人给你

如果你要想增加 50% 的推荐客户，最好的方法就是请别人推荐。这是顾客盈门推荐营销策略最简单、也是最重要的部分。前面和后续的练习将帮助你有效地要求推荐。在你没有做好要求推荐的准备前，请务必仔细地完成这些练习。你今天就可以开始找机会展开推荐谈话。

你和理想客户在以下情况下可以自然地展开关于推荐的谈话：

- 感谢你和他所进行的愉快谈话，或为他提供的服务。
- 要求你提供更多的服务。
- 要求你解释一个流程或概念。
- 描述一个过去你帮他解决的问题，或帮他达成的目标。
- 你和理想客户提到的某个朋友或商业伙伴，正面临他遭遇的相同挑战。
- 你的理想客户提到他将参加一个行业会议（你恰好服务于那个行业里的机构和个人）。

或者你可以通过下列的方法创造推荐谈话的机会：

- 感谢客户在你为他们服务时所表现出的能量和热情。
- 弄清他们的目标，或建议他们如何自己解决问题。
- 询问客户对于你们的合作或过去遭遇困难时的感觉。
- 赞美客户的进步。

通过"问他们对你的服务有何评价"这个话题打开他们的话匣子，随后向他们说明你的服务如何有益于跟他们有关系的人或组织。

> **顾客盈门行动步骤** >- 作出承诺，连续五天，每天都要求他人为你推荐别的客户。

2. 加强与推荐客户的联系

提议见面、提供咨询或建议给你的客户所关心的人。让客户知道你想让他们的朋友知道你的服务能给他们带来的利益。

给客户递名片或发一封电子邮件，以便他转交给朋友或亲戚。最好要求他们今天就帮你介绍。这样你就可以避免增加推荐人打电话或寄电子邮件的负担。不是因为推荐人不想帮忙，而是因为大家都很忙，通常会因为别的事情而分心。你自己联络并做好后续跟进，才能保证推荐能够成功。

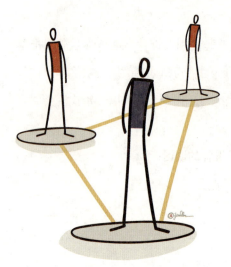

即便是你亲自去见潜在客户，情况也一样。他们说会打电话给你，尽管他们有最强烈的意愿，但还是会有许多状况发生，以至于你始终等不到电话。因此我建议，当你想约见对你的服务感兴趣的潜在客户时，就一定要主动打电话给他。

推荐后的跟进工作：不要空欢喜一场

1. 跟进推荐客户

对于推荐来的客户，你千万不要耍小聪明，你必须跟进。别人介绍完之后，你不要坐在那里等着推荐客户主动联系你。如果你只是坐等别人的话，那么除了空欢喜之外，你将一无所获。你不仅会失去商机，还会伤害你和介绍人之间的关系。

你一定要积极联络介绍来的新客户，并以一种有意义的、有帮助的、热心的方式介绍你所能提供的服务。这正是你的"总是给甜头"的做法发挥效果的时候，可以让你更容易地与潜在客户开始谈话，并发出无风险、无门槛而又吸引人的邀请。你只要发出大方的邀请，就可以展开顾客盈门策略的销售周期。

开始与潜在客户建立关系时，要考虑下列几点：

- 举行针对个人比较私密的会谈或展示，以消除他们对尝试新事物可能产生的恐惧或尴尬；

- 了解潜在客户曾经用过哪些与你类似的服务或产品，更重要的是，了解他们希望达成的目标；

- 告诉他们应该期待何种结果，你会如何做，以及将带给他们什么样的利益；

- 也包括各种准备的细节：该提前准备什么资料；还要尽可能地帮助客户感觉舒服、并做好心理准备；

- 提供第三方的文章和证据，以作为你在描述可以给他们带来的益处方面的有力支持；

- 邀请客户和你一起工作，并熟记顾客盈门策略中的傻瓜销售系统。按客户的日程安排预约一个适合他们的具体日期和时间。

◆ 如果你不跟进，就只能空欢喜一场

推荐后的跟进工作：展示、分享和循环往复

2. 演示和分享你的推荐报告

- 你一定要充满激情地进行演示，并展现出你的热情，让客户更好地了解你的服务所能带给他们的益处；

- 跟客户交流时要面带微笑；

- 与客户要有眼神接触；

- 充满自信地介绍你的服务；

- 敞开心扉，与客人坦诚相待。

当潜在客户开始说话时，你一定要认真倾听。

3. 给介绍人反馈

这听起来很简单，但是怎么强调都不为过。要主动告诉介绍人他推荐给你的客户的状态。如果等到他们来问的时候，你恐怕已经给他们留下过河拆桥的印象了。你的介绍人肯定是希望你成功的，所以他们才会不遗余力地来帮助你，所以请你也要抽出时间跟进并感谢他们。记住一定要和那些介绍人维系好关系。

♦ 主动给介绍人反馈，分享进度，并表示感谢。

赢得更多介绍来的客户

提供互补服务的专业人士

其他专业人士提供的服务与产品如果能与你的形成互补，而且你们的目标市场一致的话，那他们就是你理想的推荐来源。当你从富足与合作的观点出发，而非匮乏和竞争的观点出发时，与别人建立起互惠关系就变得很容易了。

你推荐给别人的客户越多，他们就越想推荐客户给你。许多专业服务人士有正式的推荐团体，由五六个服务同一目标市场、但服务与产品互补的专业人士组成。每个团体的成员之间可以互相推荐客户。如果你参加了一个诚信度高的推荐团体，你将有更多的机会接触到更多介绍而来的客户。你可以通过别人代为宣传你和你的服务，进而建立起自己的良好声誉。

加盟费和回报方案

制定一套方案以回报那些推荐客户给你的人。回报可以有许多形式，既可以支付现金给介绍人，也可以是提供你的服务、产品或项目的优惠打折券。

有些专业人士担心支付推荐费会亏钱，那不妨就让数字来说话——支付推荐费能让你赚钱。假设你的服务每月收费 500 美元，而你有 10 个固定客户。目前你每个月赚 5 000 美元。假设 10 个客户每人帮你推荐一个每月支付 500 美元的客户，那么你每个月又多了 10 个客户和 5 000 美元的收入。如果支付 10% 的推荐费，你总计要支付 500 美元。试想一下，你愿意花 500 美元赚 5 000 美元，获利 4 500 美元，那么每月总共赚几乎是原先获利两倍的 9 500 美元吗？我当然愿意了。要是你目前每月赚 4 万或 5 万美元，那又会是什么情形？

聪明人一点就透。当然，很少有人仅仅为了推荐佣金或奖励而为你推荐客户。他们之所以为你推荐客户，还是基于他们对你和你的立场的信任。

趁热打铁

虽然有些客户、朋友、亲戚和同事并不需要你开口就会主动介绍客户给你，但大多数人是不会这么做的。正如

我前面提过，不是他们不想，而是他们忙于自己的生活，所以根本没有想到。尽管刚开始要求客户推荐会让你感觉浑身不自在，但放手试试看，你会惊喜地发现，其实在你的提醒下，他们还是乐意这么做的。毕竟，他们希望自己的朋友、亲戚和事业伙伴也得到他们所享受的利益，而且他们也乐于帮助你。当一个人对他人有积极的影响时，即使是小事，回报的感觉也会很棒，而推荐客户就是回报的好方法之一。

相信你会跟我一样，只要想想这些潜在客户一直在寻找、等待着被介绍给像你这样的专家，而你自己即将见到数十位这样的潜在客户，你一定会感到兴奋吧？我希望你立即开始要求客户推荐，以扩大你对潜在客户和社群的服务。一旦你与潜在客户展开深入而私人的交流时，你在他们心目中将不再只是一个头衔，他们会站在更高的角度，全面地看待你，也会尊重并认识你关于他们的价值。这种更有意义的关系是让你的生意和个人满足感更上一层楼的关键，这才是顾客盈门之道。

1 推荐人将帮助你制造滚雪球效应

3 抓住眼前的推荐工作：
不要拖延——要求别人介绍客户给你

推荐前的工作

1 回顾	2 前瞻
3 内省	

2 推荐前的工作：
在要求别人介绍客户给你前，要三思后行

4 得到介绍客户后的跟进工作：
一定要积极跟进，否则，你将一无所获

第 14 章
公众演讲策略

模块四

4.14 公众演讲策略

站在潜在客户面前，
分享你智慧的果实

1 用演讲来进行自我推荐并且分享知识

2 通过那些为你的目标市场服务的组织来获得演讲的机会

层级
为你的目标市场服务的组织

3 使用6步法来组织你的演讲

6 步骤指导
组织你的演讲

4 传递你的信息，一定要吸引人

4.14 公众演讲策略

> 我通常会花超过三个星期的时间才能准备一个不错的即兴演讲。
>
> 马克 • 吐温

任何专业服务人士都能利用顾客盈门的演讲策略，在面对潜在的理想客户时，充分展现自己的知识、天赋和优势。

分享知识的美妙之处就在于，这能给你和听众都带来好处。他们在你的演讲或组织的活动结束离开时，增长了见闻，开阔了思维，并带着你教给他们的一套宝贵行动计划回去实施。你也会因此而获益，因为你自己帮助别人的同时，也实现了自己为他人服务的初衷，还让自己的服务和产品提升了知名度。

勇敢站出来，推广自己

自我推广

要想在目标市场前展现自己，你必须懂得如何为自己做推广或让别人帮你推广。为自己营销的最好方式就是，在目标市场面前展示你为他们提供的解决问题的方案，以激起他们满足自我的欲望。当别人推广你时，他们会帮助你展现在目标市场前。你可能想双管齐下，就像我这样。

先让我们看看单纯的自我推广，例如，邀请目标市场客户参加你举办的活动——不一定是大型的课程或会议，也可以是单纯的、以建立社群为目的、富有教育意义的活动，让你既能在其中演示产品和服务，还能建立起声誉和信誉。这类演讲和演示活动可纳入"总是给甜头"之类的提案，或者作为一次性的活动进行。

电话会议

从每月或每周与客户举行一次电话会议开始，让他们了解与你合作所获得的利益。每次准备一个新的、及时的和相关的主题。找一本你所在行业里的杂志，利用其中一篇文章来激发主题灵感，邀请客户讨论他们的专业领域，并询问客户他们心里最想知道什么。接下来，会议自然会进入问答环节。希望你可以从以下几点建议中得到一些灵感以保证该问答环节可以顺利启动：

- 财务规划师可举办每周电话会议，讨论如何利用他们销售的产品来创造财富。
- 网络营销顾问可举办网络视频会议，提供搜索引擎优化的最新信息以及其他增加网络流量的策略。
- 个人训练师可以在电话会议上分享专业技能，帮助客户疏解焦虑、集中注意力和保持人际关系等。

如果想要举办一个电话会议或者电话研讨会，你完全不用花一分钱，因为有成千上万的公司提供这类免费服务，有一些公司可能会收取一些工本费，但他们也会提供附加的功能。

把每个会议的录音链接到你的网站上，让那些没有机会参加会议的人有机会听到会议内容和看到其中的利益。在网站或博客上放置录音文件夹，也是能立刻赢得新访客信任的好方法。

●无需筹划，无需花钱，你只需站出来进行自我推广。

展示和教育活动

展示和教育活动类似电话会议，不同之处在于它们是现场举行的。如果你的服务项目是实体的、与地域有关，或与你服务的人都在同一个城镇，那么展示与教育活动是接触理想客户的绝佳方式。如果你觉得电话会议无法发挥你的长处，那这也是极佳的变通方法。

举办一个教育性活动可以提供另一种发挥创意、表达自我的机会。例如，你可以举办家庭聚会、公园的户外展示，或在任何场所营造热闹和令人兴奋的气氛。不要只邀请潜在客户，也可以邀请了解你的服务价值、愿意谈论亲身经验的现有客户、朋友和同事。比如：

- **健身专家**可以每周向现有客户和潜在客户提供体能挑战赛，要求客户每周带一名新朋友来。在每周的联谊活动之后，推出一项新的运动。

- **房地产经纪人**可以每周为房地产投资人提供参观活动，用小巴或游览车带有兴趣的房地产投资人，参观附近热门的房地产。

- **专业整理师**可以提供每月一次的改观示范，组织 10 ～ 15 个人的小组（对这样的示范活动不妨采用等候清单的策略）随行观摩。到一位潜在客户或新客户的办公室或住宅，整理并重新布置他们的办公室或住宅，通过这种方式帮助客人提高生产力和效率。

- **美发造型师**也可以利用类似的改造理念，每月举办一次比赛或抽奖，得奖者可获得免费美发的机会。

在你与客户的会谈结束时，不妨提出这类提案，例如："我想邀请你参加……"或"你为何不参加我和客户所举办的有趣而又好玩的……"尝试不同的活动和主题，直到发现最适合你的推广方法。记住，典型的抢客户心态和顾客盈门之道的不同之处在于，抱有抢客户心态的人往往会计较得失，怕出丑。而采用顾客盈门之道的人则会问："我如何才能不落俗并甘冒风险让客户对我的服务产生兴趣并感到惊喜？"

你将乐此不疲地为你的现有客户和潜在客户不断制造各种有趣的活动和不同的体验，并尽可能邀请更多的人来参加这类活动，这主要是因为：

1. **你希望充分利用时间。** 在最短的时间里，与更多的潜在客户建立关系。

分享你知识的果实

2. **你希望充分利用社区的力量。** 当你聚集了很多人时，他们所创造的能量远远超过你个人所能创造的。你的客户也会看到其他人对你的提案很感兴趣，而这正是建立信誉的最佳方法。

3. **你会被视为慷慨的牵线人。** 如果你在市场上被人们认为有号召力，可以聚拢人气的话，那这对你建立信誉和提升人气将大有助益。

书面练习　14A

当推广自己时，你是在邀请目标市场体验你为他们提供的解决问题方案，以激起他们满足自我的欲望。因此我们将把它变为现实。创造性地采取这些创意，将它们运用在你的生意策略上，你将很快就能顾客盈门了。

用邀请的方式贡献价值

使用下面的可视化图表完成下列练习。

步骤 1：检视一下，邀请你的目标市场客户参与哪些活动可以让你充分展现自我并展示你的产品和服务。哪些想法是你最有动力想去做的？在可视化图表中圈出两到三个。

步骤 2：在每一个你圈出的邀请类别上扩展你的创意。你会邀请谁？你想分享什么以贡献价值？你需要考虑做好哪些后勤和筹备工作。

步骤 3：选择一个你准备实施的创意法，写下后续要做的具体步骤来帮你开始行动。

书面练习　14A
用邀请的方式贡献价值
为了更好地邀请你的目标市场客户参加你组织的自我推广和
知识分享活动，你可以通过头脑风暴想出更多的创意来

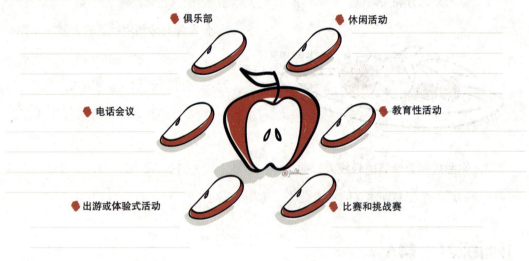

◆ 俱乐部　　　　　　　　◆ 休闲活动

◆ 电话会议　　　　　　　◆ 教育性活动

◆ 出游或体验式活动　　　◆ 比赛和挑战赛

顾客盈门行动步骤 ╌▶ 当你使用你的"总是给甜头"策略邀请别人参加活动时，要结合第 7 章中的保持联络策略。你在活动结束后怎样搜集和整理客户的信息进入你的数据库？你要有意识地去做这些，否则你将失去机会。

现在，你已经可以很好地使用顾客盈门公众演讲策略与你希望服务的群体分享知识了，同时也要提升你的产品和服务的知名度。干得好！

想方设法得到别人的推广机会

现在谈谈第二种方法，那就是借助别人提供的演讲与展示机会来推广你自己。在此，我不是说你应该成为像那些在协会和组织中以演讲为生的专业演讲者，而是说你也可以利用公众演讲的机会，为你的服务创造知名度，从而实现顾客盈门的目标。

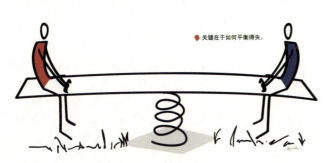

● 关键在于如何平衡得失。

如果你只是为了提高自己的曝光度而去演讲，也许你获得的报酬根本无法支付演讲与展示的成本，也许收入只有一份红包和车马费而已。但请记住，你演讲的目的是为了能有机会与潜在客户交流，吸引他们对你的提案感兴趣。

这其中存在某种利益交换，你去演讲是为了获得营销的机会，而提供你演讲与展示机会的协会或组织，则可以借助你的演讲为他们的会员提供服务。关键在于，如何在这两者之间达到平衡。如果是受邀去演讲，而你却花了90%的时间谈论自己的提案，那你将不会受到欢迎，下次可能再也不会获得邀请。不过，如果你不提任何提案，势必又会错失实现顾客盈门的大好机会。

打通上层关系

如果你希望别人推广你，你就必须与目标市场所属协会和组织的决策者建立起信任关系。在企业界，这些人往往被称为会议主办方。在地区性的协会和组织中，这些人可能被称为沟通总监或教育总监，或其他头衔。最重要的是这些人能让你站在目标听众面前。

为你的目标市场服务的协会和组织有成千上万。例如，美国各地的大学会赞助企业主管一些在职进修课程、社区学习项目以及各式各样的管理座谈与小企业讲座。为了提供广泛的选择，这些大学往往会邀请像你这样的专家在他们擅长的专业领域进行演讲。商会和社交团体都会邀请演讲人去给他们的会员演讲，这种现象在盈利机构也很普遍。

通常，这类活动能提供：

- 大量的听众；

- 可能购买产品与服务的潜在顾客；

- 更高的知名度；

- 在现场销售产品的机会（例如书和 CD 盘）。

赞助你的协会与组织可分为各种层级，我通常从最低层的协会与组织谈起，逐步谈到最高层级的协会和组织。低层的组织通常比较小，而且没什么名气。不过，千万别被层级所蒙蔽了。你的演讲可以从最低层的协会与组织入手，但不一定非得从低到高逐步往上，先在低层协会与组织演讲可以让你累积经验，对未来在较高层级的协会与组织的成功或许有帮助。

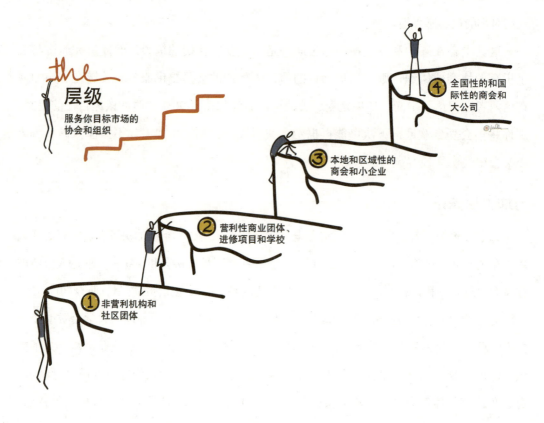

the

层级
服务你目标市场的
协会和组织

① 非营利机构和
社区团体

② 营利性商业团体、
进修项目和学校

③ 本地和区域性的
商会和小企业

④ 全国性的和国
际性的商会和
大公司

书面练习　14B

层级1：非营利机构和社区团体

演讲和展示的入门起点通常是地方性的非营利团体，如社区中心、教堂、基督教青年会、服务俱乐部或政治性团体与商会。有些团体为特定的目标市场服务，但大多数是由志同道合的人所组成的。这些团体是寻找潜在客户的好地方，也是磨炼在众人面前演说与展示能力的绝佳场合。

书面练习：确认你可以联络到一些层级1的团体和组织。

_____

_____

_____

层级2：营利性商业团体、进修项目和学校

寻找地区性的营利性商业团体、进修项目和学校，包括大学继续教育部和社交网络团体，例如教育大学、国际企业网络以及社区大学等。这些组织对你有更高的价值，因为他们为更多的真正想要了解你的服务项目的目标团体人群提供服务。而且，他们比地方非营利社区组织要更有声望。

书面练习：确认你可以联络到一些层级2的团体和组织。

_____

_____

_____

层级3：本地和区域性的商会和小企业

本地和区域性的商会多到你无法想象，一辈子都不可能全部演讲完。用谷歌搜索引擎可以找到他们。本地和区域性的商会与组织也是你联络目标市场人群的理想地方，因为在

那里你能很清楚地了解到听众的类型。

另一个可以考虑的途径是各种大大小小的企业，这取决于你的目标市场和提供的服务。我把小型企业放在层级 3，大企业则归为层级 4。许多公司都会为员工提供教育课程、项目和会议。

书面练习：确认你可以联络到一些层级 3 的本地或区域性的商会和小企业。

_____

_____

_____

层级 4：全国性和国际性的商会和大公司

从这个层级开始，你将持续攀登商业协会的阶梯，从地区性商会到全国性商会，然后是国际性商会，甚至是国际商业协会总会。

有时候他们会请外来的演讲人来主持午餐演讲会。有的演讲较为正式，你可能要在会议中心对一大堆听众演讲。要弄清楚的是为什么你要锁定某个特定的行业，知道该提出什么提案来满足他们的需求，以及哪些企业和个人可以为你提供什么样的机会。

书面练习：确认你可以提供联络到层级 4 的一些全国的和国际性商会和大公司。

_____

_____

_____

书面练习　14C

如何寻找听众

你可以在网络上找到那些为你的目标市场服务的协会和组织，尽管有时候在网上比较难以辨别你应该和谁联系，但这是最好的也是成本最低的方法。如果你认真将顾客盈门公众演讲策略作为你的营销策略的话，那你可以购买专业协会名录，通常那上面会标有会长，预算、组织结构、会议主题、会员人数等其他相关的信息。你还可以去当地图书馆查阅《协会会议主办者、会议主办方和协会名录》。

步骤 1：在上一个书面练习中，在每一个层级中挑选一到两个你确认的组织，填写在这个练习的空白处。

步骤 2：确认你挑选的组织的决策人。

步骤 3：梳理你的人际关系网，看谁认识这些决策人，或有可能帮你和这些决策人建立起关系。

步骤 4：别忘了手边的网址 www.solid.ly。它会帮你确认你认识谁，谁可能认识决策人。到那时，你就可以使用你的顾客盈门 20 人名单去联络和跟进他们了。

顾客盈门行动步骤 ⤑ 阅读完本章后就付诸行动吧，采用你新学到的直接联络策略去联系这些决策人，并且开始预约你的演讲。

书面练习　14C
寻找你的听众
确认可以邀请你演讲的组织和决策人

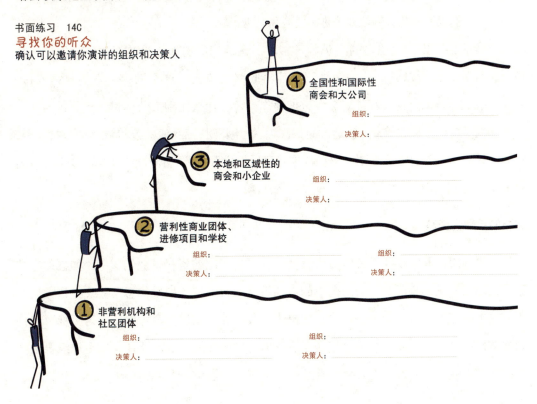

④ 全国性和国际性
商会和大公司
组织：_____
决策人：_____

③ 本地和区域性的
商会和小企业
组织：_____
决策人：_____

② 营利性商业团体、
进修项目和学校
组织：_____　　组织：_____
决策人：_____　　决策人：_____

① 非营利机构和
社区团体
组织：_____　　组织：_____
决策人：_____　　决策人：_____

获得邀请去演讲

会议主办人会接到许多像你这样提出演讲请求的人，这就是为什么你必须遵循顾客盈门系统的要求。如果做到了下列几点，你不仅会得到很多的理想客户，也会赢得你想去演讲的协会和组织的决策人的尊重。

- 打下稳固的基础，循序渐进为你的事业建立信誉和信任，并深入了解人们为什么购买你的产品和服务。

- 知道如何去谈论你的工作，找到如何去让市场认识你的方法，熟悉如何展开销售谈话。

- 成为受人喜爱的业界权威，并制作出能建立品牌和自我表达的产品。

做好功课。如果你要联络会议主办人或教育部门主管，先尽可能地了解他们的组织。你会很惊讶地发现竟然有那么多人忽略了这个步骤，没做功课就突兀地打电话给这些会议主办人。他们只要谈几分钟就知道你有没有做功课。

可能的话，先和组织里的会员聊一聊，了解他们的迫切需求与渴望。他们最清楚自己需要什么，所以先向他们请教，然后再联络决策人。这么做你会更快获得安排。更为理想的是，让会员或者董事会成员推荐你。还有什么比别人帮你说话更美妙的呢？

先发一封电子邮件或寄一些适合的资料，再打电话进行后续联络。你要一直保持友善、相关（只要你可以真正这个团体服务，你就可以提供服务）、有同理心（从会议主办方的角度思考），并真诚地去对待别人，不要夸夸其谈。

需要展示哪些资料

不同的组织和活动类型的主办人会要求你提供不同的资料供他们参考。如果你想被安排在地方社区中心演讲，一通简单的电话可能就会敲定；如果你想要被安排在大型产业会议上演讲，要求可能多些，也许是提供一段影片、演讲内容大纲、学习目标、演讲经验、推荐信、简历以及个人介绍（在演讲前对你的介绍）等。即使有五个组织要求同样的资料，可能要求的方式也会各不相同。我的忠告是：务必遵照指示来提供材料。

有时候，你会被要求提供前一场演讲的视频或 DVD。如果你没有，别因此打退堂鼓。刚开始演讲时，先用家庭摄影机录制你的演讲。等时机成熟时，再请专业人士录制、编辑和制作你的演讲视频。

如果你想参考有关演讲录影带和相关文件的样本（包括演讲大纲、教育目标、演讲经验、推荐信和自传履历等资料），请上 www.bookyourselfsolid.com，点击"免费资源"即可。

邀请你去演讲

当你被邀请去演讲或者展示一个项目时，也许一个简短的预备会或者打个电话就可以和项目负责人建立起深入的互动。在初次接触时，你可以和会议策划人一起将会议的主题和演讲的时长确定下来。

联系人信息

从你接到邀请到你给别人写感谢函，最关键的是知道谁是关键人物和怎样联络到他们。然而，事情是可以变通的。如果坚持做好跟进计划，你就不会在最后一分钟手忙脚乱了。

- 谁负责整个活动。
- 谁将介绍你。
- 负责人的座机和手机号码。

参照
顾客盈门系统

打好基础：
人们为什么购买，
怎样谈论你的职业

建立信任和信誉

1 2
3 4

傻瓜销售和
完美定价体系

顾客盈门的六大核心
自我推广策略

做好准备才能完美

了解你的听众

先考虑你的听众。尽可能先研究哪些人会参加你的演讲会，让你的教育目标可以直接与他们的需求与渴望相联系。努力了解邀请对象的组织文化，探询与他们沟通的最佳方式。听众将对你如何选择措词（专业术语）甚至如何着装产生影响。因此，充分了解听众能够帮你决定需要准备多少背景资料，以便有效地传递信息。

问一下你是否可以有机会去采访一些领导人物（可能更让人激动的是，他们其中的一些人还会参加研讨会或会议），以明确他们的个人目标和日程。他们是否允许你把他们带进演讲的环节。

了解听众——调查问卷

经验表明，在这个时候最好发出一份为特定听众准备的调查问卷，从而给你提供更多的背景信息。设计不同的表格将能帮助你更为有效地演讲，并且可以评估你的表现，让你可以站在专业角度，和项目的负责人沟通。

调查问卷应该包含以下表格：

- 预调查问卷——提前了解你的听众；
- 听众评估表格，跟进表格；
- 客户见证表格；
- 联络信息表格。

做好准备

你当然会事先知道演讲在哪里举行，可以使用哪些影音设备。如果你不想使用幻灯片或其他影音辅助，就无需勉强。弄清楚你需要演讲多长时间，听众在演讲前和演讲后会做什么，以便把这个信息纳入你的规划中。提早几分钟结束可能是个好主意，因为你会发现，即使你博得了满堂喝彩，听众也会感激你能给他们一点额外的时间。

在临近演讲前不要忘记提醒会议协调人你的某些要求。记住，他要应对许多事情，你的演讲可能只是其中一个大会议的一小部分。

熟悉你的演讲场地

你一定要去参观演讲场地。作为演讲嘉宾，去拜见一下会议主席、协调人，或会议策划人非常重要，因为你只有一次机会去确认以下几个事项：

- 场地布置——到各种服务机构和会议室的时间；

- 洗手间的位置；

- 你演讲中允许的准备和故障的时长——是否需要工作人员帮忙？

- 满足你技术上和物质上的需求——谁来提供？

- 会议上是否允许销售？

- 停车——是免费的，还是需要预约、通行证或需要批准吗？

演讲内容组织指南

排定演讲后，你需要准备能博得满堂喝彩的演讲内容。尽可能让演讲保持简单。一个有效的演讲者要引导听众了解他们不知道或不完全了解的但仍然值得学习的事，或者给听众带来美好的体验。最理想的是，两者你都能做到。

组织演讲内容时，先考虑场地、主要学习目标以及你演讲的时长。我知道你有许多话要对听众说，也想与听众分享更多有价值的东西，以使他们对你佩服得五体投地。信不信由你，你只需用合理的内容就完全可以办到，这比让人不堪重负的大量内容要好得多。很可能在你演讲结束后，听众还得赶赴另一场约会，所以简洁和清晰才是制胜法宝。再次强调，千万不要超时。当然，除非听众站起来给出了热情掌声和尖叫声："再来一个！再来一个！"那么，不用客气，鞠个躬，继续讲下去。

打造好你的背景介绍

我听说一个好的演讲包含两个最重要的元素：对听众的尊重和对听众的爱。我确信你是爱听众的，但是要得到尊重，你必须先表现出你的尊重来——对你自己以及对你的听众。因此，一定要确保给你自己充足的时间去打造一个完美的自我背景介绍来，并且用自己的方式去说出来。向你自己的成就致敬——不仅仅是提升自尊，还要在登上演讲台之前就赢得听众的尊重。当然，要确保你的自我介绍可以清晰地指出你能为他们做什么。从你发出并收回的调查问卷中，你可以了解到听众的背景以及他们对你的期望。

当你开始一个演讲时，听众通常会有以下问题：

- 你为什么会被邀请来演讲？
- 谁推荐你来的？
- 你在公司和社会上的声誉如何？
- 为什么你被认为是行业里的专家？
- 你为什么从事目前的职业？

要确保你的个人介绍中涵盖了以上这些细节。如果都做到了，那么听众很可能一开始就会对你很尊重。

谁来介绍你

- 提前给介绍人发送你的个人背景介绍，但是也要随身带至少两份，因为有可能你的个人背景介绍会夹在会议准备的文件中被弄丢。
- 提前和会议的协调人员一起浏览一下你的简介，询问是否还需要增加内容。如果需要，询问如何增添进去。
- 要确保介绍人知道怎样正确地念出你的名字，并且清楚地理解其他的信息。在简介上按照发音规则写出你的名字，并要求介绍人大声地念几遍，这是明智的预防手段。即使你认为你的名字很容易读，也请认真对待这个问题。我有好几次都被介绍成了哈佛商学院教授受人尊敬的迈克尔 · 波特（Michael Porter）。介绍人可能是赞助商或者一些重要人士，在你还不是特别知名的时候，他们很可能不认识你。我的名字是迈克尔 · 波特（Michael Port）。

♦ 要想赢得尊重，你必须尊重自己和你的听众。

规划你的演讲

我曾听到一种说法，认为专家并不需要比别人懂得多，只需要将信息进行很好的组织。这可能的确是真理，当你作演示时，如何去组织你的信息是演讲成功的关键。

选择你所扮演的角色

在第7章谈到制作信息产品内容时，我建议采用的步骤之一是，扮演信息产品的作者角色。在准备常规内容时也一样，选择你在演讲中所扮演的角色。选择角色能帮助你决定准备和呈现何种演讲内容。

明确要传达的信息

要让你的演讲有吸引力，必须有内容可说。你很难让每个听众都同意你的观点或意见。不过，如果你有强有力且清晰的信息，并且你也懂得尊重他人的观点，那么即便不同意你的观点，人们也会听得津津有味的。你的整个演讲应该专注于如何以清楚、有说服力的方式传达颇具震撼力的信息。

具有个性化，有吸引力，
能营造出期待感，而且能
激发听众使其行动起来。

确定演讲的标题

另一条有用的建议来自顾客盈门认证教练简·雷登（Jan Leaton），他说："我喜欢把演讲的标题想象成我给听众的一只巨大的礼物篮上的礼品卡片。我如何书写礼品卡片以及做好包装就和礼物本身一样重要。它可以让客户产生"哇，我等不及要打开这个礼物"。你的演讲标题不仅应该把所有内容都说出来了，而且还应该具有个性化、有吸引力，能营造出期待感，而且能够激发听众使他们行动起来。"

填满你的演示篮子

如果在你上场前就知道自己的方向，那么撰写演讲稿就会容易得多。还是用篮子来作比喻——篮子的第一个把手好比你的结论或者售卖点，听众由此可以知道你的方向。接下来，要保持篮子的平衡就需要抓住第二个把手，这个是用来打好基础并引发听众兴趣的，让他们想要看看篮子里的内容。当可以保持篮子平衡时，你就可以用那些精彩的内容、概念和工具把篮子填满。这会让听众产生想把篮子带回家的欲望。

演讲内容是否条理清晰将决定观众对演讲的反应。在考虑演讲内容时，不妨问一下自己："要按照什么步骤才能让听众理解我所演讲的内容？"

以下6个步骤将帮助你组织信息，以应对任何场合的演讲或展示。

步骤1：要设计你的演示，从设定演示的主要目标开始着手。你希望听众听完演示后获得什么？你希望他们学习、了解哪些创意、观念或策略，并从中获益？

步骤2：准备你的开场白，应该包括：

- 演示的目的——你的目标；
- 演示的流程——你将要做什么；
- 演示的结果——他们将会得到什么；
- 演示人介绍——简单地介绍为什么是你来做这个演示，包含你的网站和"总是给甜头"的提案。

步骤3：你的演示内容传播需要按照恰当的顺序去表达那些要点，并保持条理清晰。

步骤4：总结你的观点——你刚刚教给听众的或者展示给听众的。

步骤5：提供问答环节——或者穿插在演讲中，视情况而定。

步骤6：以感谢听众和主持人作为演讲的结束，并提醒他们如何通过你的"总是给甜头"提案，与你继续保持联络。

传递你的演讲信息，让其富有吸引力

在准备你的演讲时，要记住人们基本上会使用三种学习方式——当然，这三种方式有重叠的部分。有些人通过听来学习，有些人通过看来学习，比如 PPT 或黑板演示，还有人通过体验式来学习，如感官词汇图像带来的感觉、触觉、嗅觉和味觉。好的演讲者会尝试结合三种学习的方式来增加演讲的趣味性，以便在某种程度上让所有听众都沉浸在演讲中。使用合理的材料来支持你的观点，这就意味着不要过多地用 PPT。很多 PPT 的展示会偏离你要传递的信息。

当人们在听你演讲的时候，他们看到的将是什么？演讲者的身体语言也在给听众传递信息。有一些演讲者特意学习了如何使用身体语言去影响听众。了解这些技能的演讲者在他们观察听众的时候会很有优势。

如何让你的演示更吸引人

- 练习，练习，再练习；
- 演示前先演练一下；
- 热爱你的听众；
- 为了表示对听众的尊重，请着装得体；
- 讲某个话题时，把自己当成专家；
- 有效使用麦克风、小道具和讲义。
- 为你的演示进行录像，这样可以把它制作为信息类产品或营销的工具等。

了解演讲的材料

让听众对你的演讲印象深刻的最佳方法就是，你应该真正了解演讲的内容，这意味着你得熟悉演讲的主题，而且能回答相关的问题。另一方面，每个人都不可能了解所有的事，因此当别人问及你不懂的问题时，尽管大方地回答："我不知道，但我会找出答案，下次回答你。"或者你可以问问听众中有没有人知道答案，通常你会发现有人知道。

在准备演讲内容时，花点时间向朋友、客户和你的社交网络中与听众群有关的人作些调查。尽可能问学习别人关于演讲主题的知识，不妨通过做一些"那又怎么样"的测试来确定你的演讲是否可以通过。先找一群听众来彩排，确定他们在听完后不会说："那又怎么样？"

总结和跟进

确保所有参会者有你的联络方式，你也要拿到参会者的联络方式。你的跟进策略应包括给那些帮助你演讲成功的人员——邀请你演讲的人或组织、介绍你的主持人以及帮你准备房间的人等写感谢函。当然，在你演讲结束时，做一个调查以获得他们的联络方式，并允许你发邮件提供进一步的信息，这将会是一种很理想的方式。

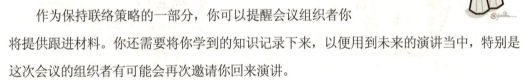

为了让你的演讲吸引人，可以加点小作料。

作为保持联络策略的一部分，你可以提醒会议组织者你将提供跟进材料。你还需要将你学到的知识记录下来，以便用到未来的演讲当中，特别是这次会议的组织者有可能会再次邀请你回来演讲。

讲或不讲，这才是问题

你必须了解自己有哪些长处，如果公开演讲不是你的长处，就不必勉强采用演讲策略。对这一点你要始终做到心里有数，但这并不是说你不能设法提升公开演讲与展示的能力。我现在的演讲能力就比当初进步了很多。你从第一次演讲学到的东西，就能结合到第二次演讲里，如此不断地提升演讲能力。不过，如果你对公开演讲感到不自在或不想做的话，我不建议你把演讲与展示当作主要的营销策略。

尽管如此，我想作一个重要的区别：即使一想到演讲就感到怯场，这不表示你不能成为优秀的演讲者，我几乎在每一场演讲前总会感到紧张。如果不紧张，我会更担心，因为

　　紧张是自然的反应。如果你对演讲与展示感兴趣，想试一试，那就放手去做！先在一群支持你的朋友或同事面前练习，或先从电话会议着手，那可能让你更自在些。然后随着你舒适感和自信心的提升，再逐渐提高演讲的等级。

　　没有人喜欢被批评做不好事情，我也不例外。在事业生涯早期，虽然我在许多场演讲获得好评，但偶尔一、两次的负面反应总是让我大感挫折。我最怕别人认为我笨，不喜欢我说的话。这也是我成为公开演讲者最大的心理障碍——担心别人认为我笨。不过我提醒自己顾客盈门之道的根本原则： 如果你感觉很想分享某个信息，那是因为世界上有人等着听到它。

　　顾客盈门演讲与展示策略是以大开大合的方式向全世界传达你的信息的好方法，使你可以接触到更多的服务对象。

1 用演讲来进行自我
推广并且分享知识

the 层级
服务你的目标市场的
协会和组织

2 联系为你的目标市场提供服务的
组织来获得演讲的机会

6 组织演示
6步指南

3 使用6步法来
组织你的演讲

4 传递你的信息，
一定要吸引人

第 15 章
写作策略

模块四
4.15
写作策略　用写作来教育你服务的人群
　　　　　并推广你销售的服务

1 写作有多种功能

2 写作策略
第一步：规划

1.1 确定题材　1.2 选择话题　1.3 弄清目标

3 写作策略
第二步：创作

2.1 创作标题　2.2 撰写前言　2.3 撰写文章主体　2.4 撰写结尾

4 写作策略
第三步：分享

3.1 在互联网上发表　3.2 在印刷刊物上出版

4.15　写作策略

文字是人类最有效的药物。

鲁德亚德·吉卜林（Rudyard Kipling，英国作家，1907 年诺贝尔文学奖得主）

在这一章里，我将教你 3 步写作策略。为了让你学好这部分，我会给你一个看起来好像放满书的书架，每个书架对应不同的策略。当你使用这些策略写作时，我希望你可以学习并运用多种写作方式。你可以试着开始在网上写作，这是为你的网站创造流量的最有效的方法。

我还将教你分析不同的线下传统出版市场，以及如何让编辑出版你的文章。写文章并试着在线上和线下出版，将帮助你建立起专家级的信誉，同时激发人们对你的产品、项目和服务的兴趣。通过线上与线下出版，你将会在市场上树立起业界权威的地位来。

写作策略三步骤

如果你能说话，你就可以写作

如果你认为自己的写作水平还不错的话，你会说："是的，这种顾客盈门自我推广策略适合我，我要马上开始学！"反之，你很可能想跳过本章，可千万别这么做！让我用亲身经历来说明，即使不是写作高手也一样能写出有效的文章。

我小学四年级的老师说，我的拼写是她 25 年教书生涯中见过最糟糕的。多年以后，我告诉一位童年的发小，我已经在一家大出版社出版了一本书时，他简直不敢相信我没有找他帮忙，竟然也出得了书。没错，他还停留在对我小时候的印象中，因为到了高中时我的作文还经常写不满五段。不过后来我写的可比五段多多了，而且还写得很不错！

关键在于，我不希望你因为自认为不会写作而漏掉这个重要的自我推广策略。如果你会说话，你就会写作。即使你没有写作天分，仍然可以学会运用顾客盈门写作策略，并通过练习来不断改进。

写文章是让人激动的自我推广策略。记住，我们喜欢从大处着眼、小处着手，通过以下三个步骤，我们可以运用好写作策略。

第一步：规划

1.1　确定题材

1.2　选择理想的话题

1.3　弄清目标

第二步：创作

2.1　创作吸引人的标题

2.2　撰写前言

2.3　撰写文章主体

2.4 撰写结尾

第三步：分享

3.1 在互联网上发表

3.2 在印刷刊物上出版

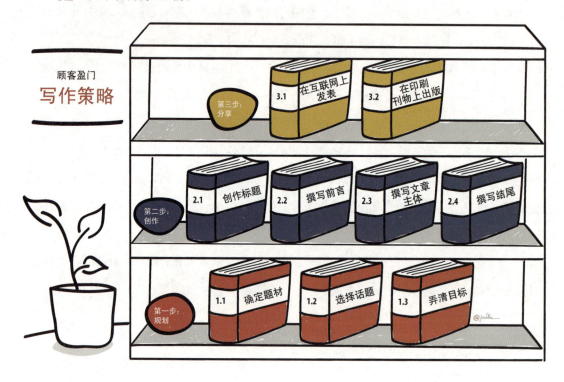

如何摆脱写作困扰，成为作家

一想到写文章你是否就想到退缩？如果是，别担心，还有两个方法可以不用敲键盘就能得到写文章所提供的好处：

1. 请人代笔。

2. 与作家合作。

代笔人能依照你的要求和选择的主题帮你写作，他们是收取酬劳的专业写手。你的名字和商业信息将出现在文章末尾的作者位置上。当然这要花点钱，但相对而言仍是成本较低的营销工具。一旦请人代笔写文章，你就可以运用在许多不同的途径：

- 发表在线上文章目录网站；
- 发给接受投稿的相关网站和新闻通讯；
- 发表在你自己的电子杂志上；
- 上传到你的网站，并群发给邮件列表；
- 投稿到与你得专业领域相关的平面媒体。

一篇文章可以有多种用途，尤其是专业文章。与作家合

◆ 一篇文章可以有多种用途。

作是另一个宣传你的服务的好方法。如果你知道有人文笔好，或者你读过某人的文章而对他非常钦佩，可以向这个人提出合作方案。由你提供专业知识，他提供写作技巧，把你的资讯写成一篇文章。你们两个人的名字和网址都会出现在文章结尾的作者栏中。

这类合作既可以妥善解决讨厌写作的问题，又能同时有效促进双方的事业。

第一步：规划

这是写作前至关重要的预备工作。在这个阶段，你可以通过头脑风暴想出若干个题材，并理解题材和话题之间的区别。一旦有了一系列你喜欢写作的题材，你就可以找出关于这个题材的一些话题。所有这些题材和话题对你和客户而言都将是很理想的。

第一步：规划

1. 确定题材；
2. 选择理想的话题；
3. 弄清目标。

为了让你的目标清晰，你可以问自己一系列问题，比如作为一名作家，你希望扮演

什么样的角色，你希望如何出名。你也可以重新验证一下你的目标市场，确保你写作的内容可以满足他们普遍的需求或者急切的渴望。

你做好准备去规划写作内容了吗？那让我们开始吧。

书面练习　15A

确定题材

题材是广泛的知识类别，像舞蹈、驾船、时装、商业、社会和休闲娱乐。你可能对文章的题材懂得很多，也可能对新的题材感兴趣，想要增加这方面的知识。为了帮助确定写作方向，问自己以下问题：

- 我对什么题材有热情？
- 就个人而言，我对什么有兴趣？
- 我的专业领域是什么？
- 我从生活上学到了哪些经验？
- 我的目标读者对哪些东西感兴趣？

你得永远记住写作的黄金法则——写你懂的东西。假如你感觉无从下笔，不妨选择与你的产品、项目和服务有关的题材。

别忘了考虑你的个人兴趣。找一些关于嗜好、家庭、社区活动或慈善工作的题材。你的人生经验可为文章撰写提供无限的创意。

在下列练习后使用可视化工作表

步骤 1：思考一下你的热情所在、你的兴趣、你的专业领域以及你学到的人生体验和你的目标市场感兴趣的内容。

小窍门：回顾一下书面练习 2B 中有关你的热情、天赋、知识的练习。那个练习将帮助你确定目标市场，此处也同样适用。

步骤 2：基于步骤 1 的思考，列举出让你觉得得心应手的五个题材。下面的可视化图表会为你提供可以用来头脑风暴的有趣工具。放手去做吧，在图表上依次写出不同的题材。

一旦选定了一个题材，你就已经准备好将它缩小为理想的话题了。

书面练习　15A
选定题材
一旦选定写作的题材，还得将其缩小为适合的话题

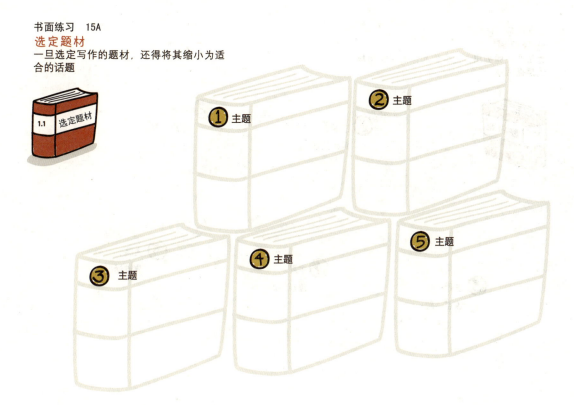

书面练习　15B

选择理想的话题

话题是把题材缩小到特定范围。像舞蹈、驾船、时装等题材都太过广泛而难以下笔，尤其是文章的长度通常介于 500 ～ 3 000 个字。你是否注意到，大多数文章和书籍（非参考材料）都聚焦在某个相对较窄的题目上？原因很简单——这让写作（和阅读）变

得更轻松。

　　假设你准备写有关舞蹈的题材，你可能选择民俗舞蹈如何演进到现代舞的话题，或舞蹈对心脏健康的帮助，舞蹈时如何穿着舒适的衣服，或介绍某种逐渐受欢迎的舞蹈。

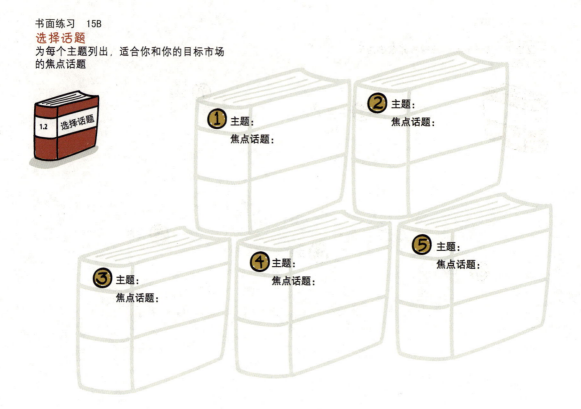

书面练习　15B
选择话题
为每个主题列出，适合你和你的目标市场的焦点话题

① 主题：
　　焦点话题：

② 主题：
　　焦点话题：

③ 主题：
　　焦点话题：

④ 主题：
　　焦点话题：

⑤ 主题：
　　焦点话题：

以下的例子显示如何从广泛的题材缩小到聚焦的题目：

舞蹈→适合男性的舞蹈→舞者唐璜的流畅动作

舞蹈→双人舞蹈→拉丁情侣的交际舞

驾船→水上运动→滑水安全须知

驾船→垂钓→垂钓细肉鱼的鱼饵

时装→季节走势→秋季时装十大最热门的款式

时装→青少年→舞会：花最少的钱打扮出巨星效果

在让人练习后使用可视化工作表

步骤 1：将练习 15A 中的五个题材依次写在练习 15B 中的可视化图表中。

步骤 2：为每个主题列出让你感到可以从容下笔的焦点话题。

确定并明确写作目标

　　你已经为文章选定了焦点话题，现在必须设定一个明确的目的或目标了。你写作是为了告知、说服、探索新领域还是表达个人意见？了解你的目标将帮助你可以聚焦在文章的内容上。为了帮助确定你的目标，问一下自己以下的问题：

- 我想教读者什么？

- 我想分享哪些生活经验？

- 我想迈入新领域吗？

- 我希望如何出名？

让我们更加深入地研究这些问题。最常见的文章类型是"教导型"的文章，目的是教读者做某些事的方法。这是很好的出发点，尤其是对新作家来说，因为这只要谈你了解的专业领域，可节省研究的时间。同样地，分享人生经验所得到的教训是另外一种开门见山讲故事的方法，可以真正影响别人。或者你也可以针对全新的题目做研究，既可获得新知，同时又能教育读者。这种写作的过程会让你觉得新鲜而有趣。

　　现在要决定你希望被视为哪一方面的专家，这有助于你确定写文章的目标。假设你在家里开了一间会计事务所，那么为在家办公的人写一系列有关税务小窍门的文章，就能利用你既有的知识，又可以为自己建立信誉。一旦建立起这种信誉，你不用花一毛钱广告费，新业务就会自动找上门来。

　　了解目标读者。在第 2 章里我们确定了目标市场，并且了解了他们的迫切需求和难以抗拒的渴望。这些需求必须要牢记，所以参考第 2 章做过的书面练习，来明确你的写作目标。你的目标读者需要马上解决哪些问题？他们希望去向何方？深入挖掘和思考读者的问题将有助于你在脑海中浮现他们的生活和需求画面。

第二步：创作

准备好写作了吗？让我们回归到写作的基础部分，只有我们重视它，才会真正有用。我们将帮助你看到你之前写作的每一步都是相辅相成的。

第二步：创作

- 2.1 创作吸引人的标题
- 2.2 撰写前言
- 2.3 撰写文章主体
- 2.4 撰写结尾

这可不是传统型的写作方式，坐下来，在一张白纸上草草写篇文章，然后揉成一团废纸扔进废纸篓。参照这个流程，将会很简单，并且我相信一定会充满欢乐！

书面练习　15C

打造吸引人的标题

我在第 8 章谈过信息产品的标题对销路的影响作用，这个概念同样也适用于打造吸引人的标题。事实上，有些作家说，这是最重要的部分。因为没有吸引人的标题，就不会有人对你的文章内容感兴趣。以下是可以激发你打造出好标题的秘诀：

- 挑选可以总结文章论点的词句；
- 告诉读者他能学到什么。要具体陈述，如 "95% 的人如何如何"；
- 暗示文章所提供的解决方案；

- 在标题里使用问句来让读者参与进来；

- 好奇心是威力强大的工具，所以可以考虑使用悬疑式的标题；

- 承诺所达到的成果。解释你的文章如何能为读者解决问题；

- 承诺要教会读者某件事，使用"如何"或"五个步骤改善"等字句。

优化你的标题。研究关键字，决定读者最可能使用的短语。搜索引擎特别注重从标题找到文字，所以把关键字放进标题对于文章在网络上被找到极其重要。

步骤 1：回顾练习 15B，选择你最喜爱的三个话题，将其写在练习 15C 的空白处。

步骤 2：研究那个话题常用的关键词。

步骤3：记住，标题必须以简短的文字来概括文章内容，并且能激起读者对题目的兴趣，甚至是让原本对题目不感兴趣的人也产生兴趣。如果能纳入最佳关键字，那就更理想了！

书面练习 15C
创作标题
通过使用流行的关键字创作出
吸引眼球的标题

	①	②	③
主题：			
焦点话题：			
流行的关键字：			
吸引眼球的标题：			

书面练习　15D

撰写前言

　　前言包括文章内容的精华，以精简的文字总结文章的主体内容。前言是引申标题所呈现的话题，并解释为什么这些内容对读者有价值，而这也就是你必须清楚了解谁是你的目标读者的原因所在。

　　有些作者喜欢倒叙故事，将前言的精华放在第三段或第四段，但这是危险的技巧。除了极少数例外，文章第一段应该与标题相呼应，并加以发挥，以暗示后面即将呈现的精彩内容。

　　前言也应该是你为整篇文章定基调的地方，所以务必以读者常用的词句，直接对他们说话。轻松的写作风格会给读者亲切的感受，这比学术或技术性的写作风格更容易让人接受。最重要的是，强有力的前言是吸引读者继续往下阅读的保证。

书面练习　15D
撰写前言
撰写引人入胜的前言章节，告诉读者他们
可以从中得到什么

主题：

选定的题材：

流行的关键字：

吸引眼球的标题：

前言章节：

一段有说服力的前言能回答每个人最切身的问题——这对我有什么好处？你要清楚地了解你的内容对读者有什么好处，并在开场陈述中明确表达。如果你无法想象他们如何从你的文章中获益，也许你就应该重新完善话题了。

步骤1：回顾练习15C，选择你喜爱的题材和话题，将相关信息写在练习15D的空白处。

步骤2：思考一下读者可以通过阅读你的文章得到什么，在空白处写下你的创意。这里你可以告诉读者你能帮他们学到新东西，解决一个问题，或者只是娱乐一下，从而体现你个人的魅力。

步骤3：写出前言，呈现出最重要的内容信息。记住要紧扣标题所表达的主题，并对读者解释他们能从文章中获得什么。

书面练习　15E

撰写文章主体

文章的正文将对主题进行扩充，以便履行你在标题和前言所作的承诺。以下是写作正文的几个要点，可以让你更加容易地撰写正文。

- **使用简洁的内容**。尝试坚持一个创意只写一句话，二到三句话写成一段。精简的内容所构成的文章，让读者更容易处理，不至于像长篇大论令人望而生畏。

- **使用小标题**。小标题用于解释接下来要谈什么，也能帮助你把文章拆分成较易处理的小节。小标题有助于你组织内容的呈现方式，这类似于大纲的作用。用粗体字或者全部大写，让它们更突出。

- **使用清单**。以分项、编号或其他视觉图示的形式将内容传达给读者，让文章更容易阅读。即使是对题目感兴趣的人也要迫不及待地期待能迅速浏览文章的精华部分。

- **保持格式前后一致**。如果分项列表的第一项以动词开头，务必使其余的项目也以同样的方式开头。例如，以五个要点开头的句子都用祈使句的动作开头：尝试、使用、让、优化等。

- **优化你的正文**。标题选择的关键字也必须出现在文章主体的各处，以提高搜索引擎找到的机会。要重复这些短语，但不要让文字变得累赘繁复，因此出现的频率要适度，不能影响文章的自然流畅。

之所以要下功夫去优化文章主体是值得的，主要是因为：这能帮助你的文章在搜索引擎的结果排序比别人高，特别是那些没有把关键字纳入文章的作者；这还能让搜索者方便找寻，因为你帮助他们找到了满意的信息。助人者人恒助之，他们一定会给你高度评价并记住你的。因此，在正文中增加相关的关键字词对你和读者都有好处。

我知道你喜欢可视化工作表，但现在是时候拿出你的笔记和电脑开始写作了。

步骤 1：回顾练习 15D。

步骤 2：是时候写文章的正文了。你需要详细说明并履行前言中所作的承诺，用事实来支持你的陈述。写作时如果感觉不顺手，重温先前列出的重点。记住，在初稿时遣词造句不需要追求完美。很多文章都是经过后期修改和编辑的结果。在此时，专注于整体的结构，会让你自己享受写作的过程。

书面练习　15F

撰写结尾

你已经说完所有想说的话了吗？那么该做归纳总结了，也就是我们所说的"书挡"风格。例如，你的前言是一个书挡，结论则是另外一个。结论很容易，这只是总结你前面所写的东西。重点是给读者一个摘要，方便他们记住文章的主要论点，以强化心中的印象。

如果你写一份秘诀清单写到第九项时就戛然而止，读者会觉得被悬吊在半空中，意犹未尽。为故事写出圆满的结局是人类的天性，如果你在这个时候告诉他们如何善用文章的信息，就能给读者留下一个美好的感觉，当然你也可以写几句鼓励的话，

在下列练习后使用可视化工作表

步骤 1： 在书脊上写下你的文章的标题。

步骤 2： 从你在练习 15D 中写的前言里，找出一些可以纳入结尾中的关键字或短语。

步骤 3： 从文章正文中将要点制作成简短的分项列表。

步骤 4： 确认 1～3 种可以让读者最好地使用你提供给他们的信息的可行方式。

步骤 5： 现在是时候总结了。

书面练习　15F
创作标题
从你作品的书名，前言和主体中提取出结尾的要点。

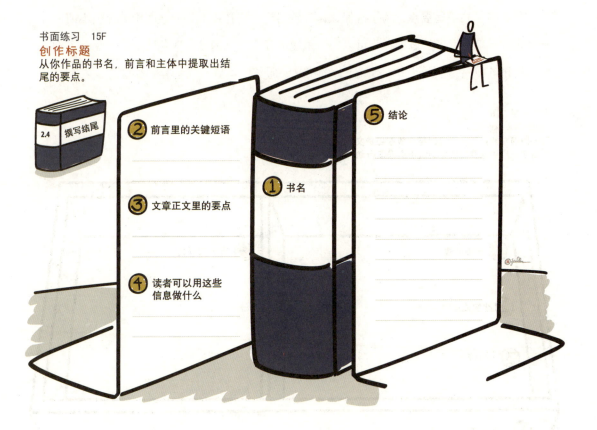

2.4 撰写结尾

② 前言里的关键短语

③ 文章正文里的要点

④ 读者可以用这些信息做什么

① 书名

⑤ 结论

书面练习 15G

作者资料栏

到你下台鞠躬的时候了，在作者资料栏中，你可以与读者分享一些中肯的关于自己或你的事业信息，并邀请读者采取行动，这也是你提出服务提案的重要机会。

每篇文章结束后都会有一个独立的段落，约五六行（视各种刊物的性质而定，所以投稿前先检查一下）。这个作者资料栏或作者简历可采用几种格式。

作者资料栏撰写要点。为了确保让作者资料栏发挥作用，你应该明确地提出邀请，并解释采取行动对读者的好处。你可以在这里邀请读者登陆网站索取免费报告、免费咨询或订阅资讯，或只是上网站多了解一下你的产品、服务或项目，或参考更多的精彩文章。

书面练习　15G
作者资料栏
写一段简短的经历，你可以把它放在每篇文章的结尾、从
而自我推广生意并促使你的读者们采取行动

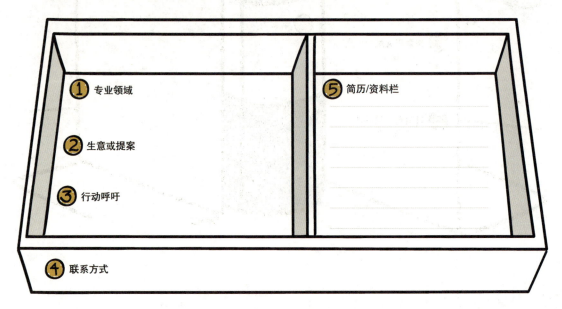

① 专业领域

② 生意或提案

③ 行动呼吁

④ 联系方式

⑤ 简历/资料栏

书面练习

在下列练习后使用可视化工作表

步骤 1：写出 1 ～ 2 点来描述你的专业领域。

步骤 2：简要地阐述你的生意或一个特别提案。

步骤 3：写出一个具体的行动呼吁。

步骤 4：写下你的联系信息，包括网址。

步骤 5：利用你在 1 ～ 4 步写作的内容，写出一个简洁、流畅的作者资料介绍。

第三部分：分享

既然你现在已写出了精彩的内容，接下来该做什么？分享它们！在顾客盈门写作策略的最后这个环节，我们找到一些地方可以分享你的作品。

1. 在互联网上出版。

2. 在印刷刊物上出版。

首先，我们要有意识地立足长远。现在有很多地方可以发表文章，如果不注意的话，很可能会发错地方。你想要发表在网络和印刷刊物上的文章一定要能够服务于你的目标市场。其次，如果你希望为自己创造更多的机会，那就要在那些媒体上再次发表文章。

分享你的作品可以带来如下好处：

• 为你的网站带来流量；

• 建立信誉；

• 为你的产品、项目和服务增加曝光度；

• 在你写作时增长知识；

- 因帮助别人而获得自我满足感。

在网络上出版

这是你辛苦耕耘后开始收割的阶段。写完文章后，你将开始寻找愿意把文章分享给全世界的利基网站和刊物。互联网能够提供多种形式来展示你的文章。

- **文章公告列表**。你可以发一封电子邮件，将文章传给寻找好内容的网站和电子出版物出版人。

- **利基网站**。利基网站主人需要特定题目的高品质内容，以便在网站上不断提供新鲜的文章给目标读者看，他们更希望像你这样的作者能提供免费内容。

- **电子刊物**（**电子杂志**）。电子刊物有各种格式和大小规格，内容涉猎众多题裁。你写内容，提供给这些出版者，就能立即传播给他们的读者。电子刊物出版者不用自己写就可以取得高品质的内容，而你则能接触到大量的潜在顾客。从哪里着手呢？想想你的目标受众，他们最可能把上网时间花在哪里，哪里就是你持之以恒展示文章的地方。不过，在开始投稿前，有几个细节是你需要考虑的。

- **研究相关的环境**。找出服务你目标读者的环境，熟悉投稿规则事项。

- **拟定文章摘要**。简短写出文章的大意。

- **选择关键字和短语**。为文章目录网站列出关键字和短语清单。（同样的关键字和短语你可以提交给网络搜索引擎，以便让别人很容易就可以搜索到你的标题和文章。）

- **写一封电子邮件**。写一封邮件给电子刊物出版人，详细解说你的文章内容，对该电子杂志读者的利益。在电子邮件正文中插入你的文章节选。

书面练习　15H

在网络上出版

使用下面的可视化图表完成下列练习。

步骤 1：列举五个服务于你的目标市场的文章目录网站。

步骤 2：列举出五个服务于你的目标市场的电子刊物。

顾客盈门行动步骤 1 编辑你搜集整理的研究素材，在你选定的题材下，写成一篇 500 ～ 750 字的完整文章。修改到你满意为止后，分享给你的朋友和同事或一个写作小组，获得他们对于你写作进程的有价值的评价。

顾客盈门行动步骤 2 向你选定的文章目录网站和电子杂志投稿。

书面练习　15H
在网络上出版
通过文章目录和电子刊物在网络上出版，
使你的网站流量增加，并建立起信誉。

在印刷刊物上出版

持续写作是把写作和发表文章作为营销工具的关键，其目的在于慢慢渗透你的目标市场。当一个潜在客户寻找有价值的信息时，你的名字和文章总是会一次又一次地出现在搜索引擎的结果页面上。

一旦你习惯了在网上分享文章，那就可以考虑延伸到印刷出版物。为印刷出版市场写作是一个竞争激烈的过程，但回报也很高。

规划你的印刷刊物出版策略：

1. 大处着眼，小处着手；

2. 要求提供写作规范；

3. 分析内容；

4. 写询问信；

5. 发送电子邮件或信函；

6. 后续联络编辑。

让我们仔细讨论一下每个步骤。

大处着眼，小处着手。与其找大型主流杂志，不如找小而专的刊物，例如当地报纸、杂志、商业期刊或附近的社区简讯。这些刊物更有可能接受你的作品，甚至帮你编辑文章。一旦投稿被较小的刊物接受，你就可以建立自己的作品档案夹，开始向更大的市场迈进。这一点很重要，因为除非看到你以前发表过的作品，许多大型刊物编辑是不会考虑刊登你的作品的。这与开始打进演讲圈的状况很类似：从地方层级入门，慢慢跨进地区层级，然后是全国层级，最后是国际层级。这一策略也适用于为印刷刊物写作。

要求提供写作规范。你在不了解刊物会接受什么样的文章前，千万不要冒然投稿。你必须知道每家刊物要求的字数、版式、写作风格和信息的类型。若想知道几千家印刷刊物写作规范的详尽资料，可以买一本布洛根（Kathryn S. Brogan）写的《作家市场》（*Writer's Market*）。

分析内容。根据我的了解，让编辑最抓狂的莫过于接到不适合他们刊物主题的投稿。如果你先花一些时间熟悉印刷刊物的话，你的文章被接受的可能性将大为提高。订阅或买几本过期的刊物，然后分析内容，看看文章的长度、作品的基调、刊载的题目、长文章和短文章的配置，以及其中使用的插图或照片的多少。

写询问信。 在你知道要写什么题目并找出想投稿的刊物后，就可以开始写询问信了。询问信最好是单页的提案，写明你的文章构想。你既可以为已经写好的文章寄询问信，也可以在文章未写前先试探刊物对于该构想的兴趣度。

询问信应该遵循正式商业信函的规范要求。它必须能立刻抓住出版人的注意力，并以有说服力的方式（软性）展示你的文章构想。使用有信头的商业信纸，如果你没有自己的带商业信头的信纸，就用白色复印纸，并选择简单的字体，字号大小用 12 号字，单倍行距，利用分项符号列出主要论点，以方便阅读。最重要的是，务必拼写对编辑的名字并使用刊物的正确地址。

投稿。 现在可以发送你的电子邮件和信函了。

后续联络编辑。 在寄出询问信并等候了适当的回应时间后，打电话进行后续联络。你的目的是询问编辑是否对你的文章有兴趣，以及她需不需要你提供更多的信息。如果编辑拒绝，别勉强尝试让她改变心意，不妨问她如果文章换一种写法是否有可能被接受，或者她是否知道谁有可能对你的文章感兴趣。

帮助编辑也是帮助你

每家出版社来对好的内容都是趋之若鹜的，他们永远在寻找那些可以提供知识和娱乐读者的文章——能提升读者生活品味的作品，无论是教人们如何存钱、减肥、建立信心，还是制作书架的内容，只要是好的都会大受欢迎。

大多数编辑需要专精于某一个领域的好作家——就像你一样。他们通常需要支付高薪给公司内的撰稿人或专栏作家。因此，如果你能免费给他们提供好文章，刊物就能节省时间和金钱，而你则获得绝佳的曝光机会。

与编辑建立稳定的关系，可以帮助你深入了解：

- 哪一类选题被认为是未来出版的主流。
- 哪种类型的文章是未来需要的。

- 如何增加你被专访的机会。

想在印刷出版行业有所发展，就要考虑很多因素，你会发现与编辑建立关系最重要的一环是，倾听并提供最佳信息以满足他们的需要。如果你与他们保持联络，并持续为他们提供好的内容，就能成功建立关系，为你的个人和事业带来长期的知名度。

学习延后满足的艺术很重要。想立即得到成果的心理是很正常的，但这是一个过程，天底下没有一夜成名与暴富的仙丹妙药。我看到专业服务人士最常犯的错误是，当初期的努力未能在短时间内得到结果时，就很快地放弃了。厚积薄发终将会带来回报，所以要持之以恒并坚持不懈。千万别放弃！

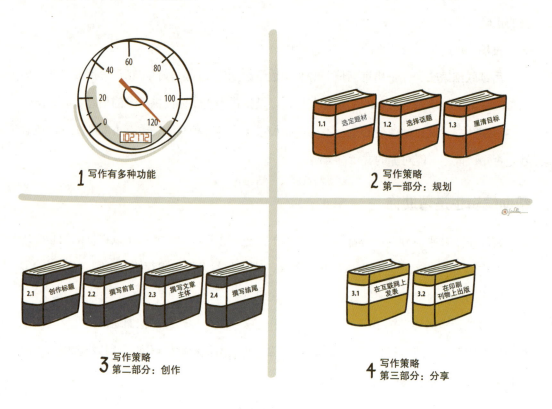

1 写作有多种功能

2 写作策略
第一部分：规划
1.1 选定题材　1.2 选择话题　1.3 厘清目标

3 写作策略
第二部分：创作
2.1 创作标题　2.2 撰写前言　2.3 撰写文章主体　2.4 撰写结尾

4 写作策略
第三部分：分享
3.1 在互联网上发表　3.2 在印刷刊物上出版

第 16 章
互联网营销策略

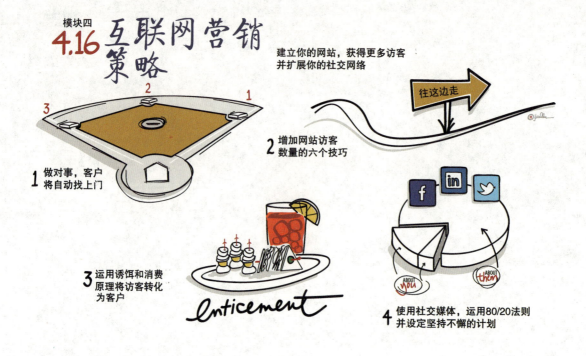

4.16 互联网营销策略

很多擅于利用互联网的用户会掌握搜索引擎优化（SEO）、按点击付费（PPC）广告技巧以及很多其他互联网营销工具。如果你对这方面没有热情的话，那么你很快就会晕菜。如果你不想花太多精力学习新科技，但仍然想利用互联网优势的话，那么雇用或者和具备这方面技能、天赋和热情的人合作即可。

不管怎样，你需要知道一些基本原理：

- 怎样建立一个很棒的网站；
- 怎样让你的网站获得更多访客；
- 怎样将他们转化成客户；
- 怎样建立并发展你的社交媒体平台。

没想到吧？你已经做完了大部分的工作

充满挑战的网站征程看起来刚刚开始，你可能会惊讶地发现这本书前面的工作已经悄悄地奠定了你成功的基础。你的网站决定并掌控着你怎样成名的机会。你的个性化标签大胆地表明了为什么你从事目前的事业。你的站点应该体现你的理想客户的价值诉求，并能体现出你专注于你的目标市场、客户的需求和渴望以及你可以帮助他们获得的最大的成果，还有他们投资时间在你身上而获得的财务、情感和精神利益。

你的网站也充分展示了你的平台，并且可以帮助你建立信任和信誉。同时，你的网站可以结合六大核心自我推广策略来进行营销。你的网站可以帮助你向潜在客户提供一个免费的信息类产品或体验，从而展开你与客户之间的互动。这是一种非常有效的让客户参与到你的销售周期的方式，这样你就可以与客户建立起信任关系。你的站点可以为产品和服务提供不同的定价激励方案，引导理想客户与你进行超级销售对话。

在你的网站综合运用好以下六大核心策略。

- **人际网络策略**。邀请别人加入你的各种社交网络平台，像 Facebook、Twitter、LinkedIn 等。

- **直接联络策略**。使用直接联络策略可以通过评论别人的发言而认识对方，并试着问他们是否可以复制他们的博客文章。

- **转介绍策略**。你可以通过写博客或文章，向客户推荐能帮助客户解决你不擅长的特定问题的同事。或者，建立一个资源页面，罗列各种不同的转介绍合作伙伴。你的新闻通稿也能提供转介绍机会。

- **公众演讲策略**。在你的网站上为你的电话会议、课程和活动等做广告。你还可以在网站上做播客（Podcast）。

- **写作策略**。把你的博客文章整合到你的网站里，并且用一个页面的宣传将自己定位为某个领域的专家。提交文章给各类网上的文库将流量导入到你的网站，从而强化你作为专家的地位。

如果你做对了，客户会自己找上门来

在我们了解如何制作一个优秀的网站之前，先思考一个大多数网络人士都会犯的错误：他们不知道要让网站访问者做些什么，就算他们知道，他们也不知道该如何才能让访客做到。大多数人把网站想成是一件事。但正好相反，一个网站由一系列的页面组成，它们在一个域名下面，并且相互关联。对于你的网站中的每一个页面，你都应该做到可以清晰地回答以下三个问题：

1．谁将会浏览这一页？

2．你希望他们做什么？

3．你如何让他们做到？

如果你知道这三个问题的答案，就能确保网站中的每一个页面的内容都能完美地展现在页面访问者面前。之所以能达到这样的效果，是因为你会仔细思考要讲述什么样的故事，并且如何讲述，从而让你的访客达成你为这个页面设定的目标。如果你做得对路，你的网站对于吸引和留住顾客来说将是非常有效的工具。

一个漂亮的网站不一定是个好网站。诚然，你也许能接到一些访客的咨询电话，或者销售一些产品，但是大多数人绝不会因为你的网站漂亮就会再次回来。他们或许因为不喜欢你的提案，或许因为太忙而根本记不住是如何访问到你的网站的。漂亮往往最容易被遗忘，而满足访客需求的内容则会深深地留在他们的记忆中。而且，网站设计得易于使用，也可以让他们更容易吸收这些内容。

作为一位成功的网络营销人，你将聚焦于尝试将你的网站流量转化为潜在客户，而这些客户会被你的网站上的营销信息所吸引。这些信息将会成为下一次的服务提案，以帮助客户提升其生活的某个方面。你可以通过给这些客户提供一些有价值的东西，比如一份特别报告、免费的视频课程或者一个优惠券来获得客户的许可，从而跟他们保持联络。切记建立信任的重要性。如果你的主要目标是提供特别的价值来交换一个电子邮件地址和后续跟进的许可的话，那一旦与客户建立了信任，你就可以进一步提出一些相关的成交建议了。

278

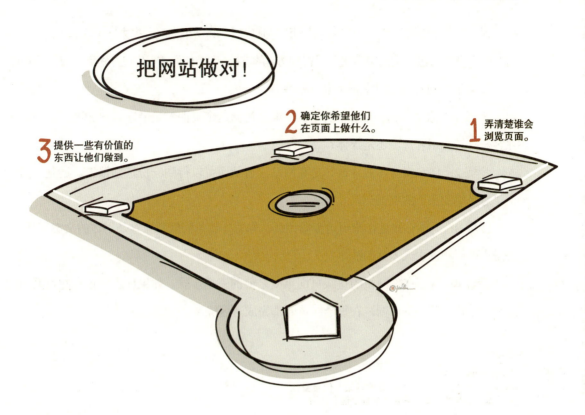

书面练习 16A

内容和架构

你的网站内容和架构包含了你想传达的信息以及你组织并打标签来实现轻松搜索的方式。就像你可以把信息类产品里的相同内容包装成若干不同的格式一样，你也可以选择不同的格式来布局你的网站内容。

在思考你的网站内容和架构时，你的焦点应该放在目标市场上。他们想要什么？什么是他们的迫切需求和欲望？（在第2章中你做了这些工作）。网站的设计应该围绕着满足他们的需求而展开。内容应该和你的目标市场相关，排版应该让访客清晰地了解去哪儿以及应该做什么。

访客来到你的网站是想要得到可以对他们的工作和生活有所帮助的信息和资源。如果他们找不到自己所需要的，就会对你的网站和你感到失望，其结果你就会失去一个联系人。让你的网站易于搜索和使用，让你立刻就可以得到访客的支持，因为他们感觉你已经知道并理解了他们。

使用下面的可视化工作表完成下列练习。

步骤 1：思考一下你的网站的主页。谁会访问这个页面？是潜在客户、现有客户、过往客户、转介绍客户，还是媒体？

步骤 2：你希望访客做什么？是在网站注册从而可以得到一份特别报告，还是注册一个"总是给甜头"的电话会议？

步骤 3：既然你知道你希望访客做什么，你怎样让他们做到呢？是用你的文案或视频，还是用圣经中的引人入胜的故事？

步骤 4：现在在你网站的每级页面重复之前的三个步骤。如果你目前正在建设网站的过程中，在你建站的时候，在每一级页面都完成一遍练习。

书面练习　16A
网页内容和架构
建立一个聚焦于你的目标市场的网站，你希望他
们采取什么样的行动，并且你怎样让他们做到。

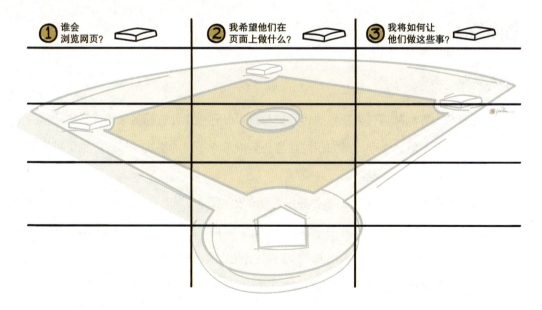

① 谁会
浏览网页？

② 我希望他们在
页面上做什么？

③ 我将如何让
他们做这些事？

给你的网站带来更多访客的六大技巧

在本节中，你将学会如何为你的网站建立稳定的流量，以及如何将这些流量转化为生意。以下这六个最重要的、易于理解的、被验证真实有效的技巧和策略将有助于你提高网站的访问流量。

1. 让搜索引擎收录你的网站，并优化你的站点

搜索引擎优化（SEO）可以让搜索引擎注意到你的网站，并且给你的网站一个好的排名。这样当有人搜索你所提供的产品和服务时，你将被展示在搜索结果靠前的位置。

- 确认你的网站的前五大关键词和短语。最好是拥有最多搜索量的、很少有竞争的并且能吸引那些已经做好准备、有意愿的、可以投资你的服务的目标市场人群。你也可以在线搜索谷歌的关键词工具来帮你确定网站的最佳关键词。
- 设计和制作你的访客愿意浏览的内容丰富的页面，并合理地覆盖他们用来搜索你的服务的关键词和短语。
- 提交你的网站到每个搜索引擎，或者让别人的站点和你的站点链接。

2. 提高链接的点击率

你的链接的人气和你的网站的内链是绑定的，因此你既需要质，也只要量。高质量的链接来自高排名的站点，它们像你一样服务于同一个目标市场或提供相关的内容。

- 找出五个和你一样服务于相同目标市场的流量较高的受欢迎的网站。
- 添加每个站点的所有者或者网站管理员到你的 BYS 20 人名单之中，和他们交朋友，为他们的生活和服务贡献价值，并提出和他们交换链接（当你建立了相应比例的信任后再提出要求）。确定你先放上他们的链接，让他们看到你为他们服务的诚意。

3. 利用你的电子邮件签名

推广你的服务最常被忽略的方法之一是利用电子邮件签名档。这是你放在电子邮件末

尾的资料，也是用来告诉别人你提供什么服务一个简单而有效的方法，这样也可鼓励他们订阅你的电子通讯或其他无门槛服务。你可以考虑在签名档上提出一个问题，并提供答案链接到你的网站。

- 创建一个引人入胜的电子邮件签名并立刻开始使用。

4. 参加网络社区

加入你的目标市场经常光顾的网络社区，让你有机会通过提供建议、支持和其他价值变成社区的领导者。当你在你的目标市场组成的社区中赢得好名声时，社会的成员会自然而然地访问你的网站，并深入了解你以及你如何为他们服务。

- 寻找服务你的目标市场，同时也聚焦于那些最活跃、你最擅长的话题的在线社区；
- 作为群体的一员，发布有智慧、有深度的帖子，为讨论的话题贡献价值。你可以回答其他成员的问题或者提供有用的建议；
- 加入你的目标市场经常访问的社交媒体，比如 Facebook、LinkedIn、Twitter 和其他一些社交网络平台。

5. 通过营销合作者交叉推广

这是我最喜爱的网络营销策略之一，这样能够让我和很优秀的人结为伙伴一起推广。我们之前讨论过让别人为你作宣传的重要性，这样可以很快建立起潜在客户对你的信任。通过营销伙伴做交叉推广就是最好的方式。你可以联合制作特别的推广或者举办由合作伙伴提供奖品的竞赛（你也可以为她的竞赛提供奖品）。

- 想出几个独特的交叉推广的创意，并确认哪些人有可能成为好的营销伙伴；

- 联络并分享你的创意给之前练习中确认的人。

6. 利用好在线媒体发布

在线媒体发布是通常未被充分利用的营销策略之一，但对于增加网站流量很有效。这样可以提升你的网站搜索引擎排名，同时也可以提升你的信誉并增加你在媒体的曝光度。

- 写一篇有关你的一个客户所取得的伟大成就的新闻通稿；
- 将通稿提交给 PRWeb.com。你可以在这个网站得到很多关于如何起草可靠的新闻通稿的窍门。

访客转化的两大基本原理

你希望吸引访客到你的网站，并把他们转化成朋友，之后转变成潜在客户，最终变成你的客户。你可以制造所有你想要的流量，但是如果那些流量留不住或在未来再次返回并试图从你这里获得到更多的信息、建议或资源，那就不是有效的流量。

要想将访客转化为最终客户有两大原则，那就是吸引原则和消费原则。你要对这两大原则深入理解、实施并利用它们去盈利，但千万不要滥用它们。

吸引原则

你的网站就像你的家。有人来访时，你第一件事会做什么？给他一杯饮料，吃一点东西。你会问"饿了吗？我帮你准备一些吃的吧？要不要喝杯水或冰茶？"如果你跟访客很熟，你会请他们吃他们喜欢吃的点心和饮料。事实上，当亲戚好友来访时，你会特地到超市买他们喜欢的食物。

这就是吸引原则。你在访客一踏入网站时，就提供有价值的东西，以交换他们的电子邮件地址，得到他们的允许后进行后续的跟进。他们之所以愿意把地址提供给你，就是因为受到你的网站的吸引并产生了

兴趣，相信你在未来会给他们更多的好东西。

请注意，不要把你的最吸引人的部分藏在网站的角落。当你设晚宴款待客户时，会把食物藏在屋里某个地方，或放在拿不到的地方吗？当然不会，你会把佳肴美食放在最显眼的、触手可及的地方。而且毫无疑问，你放美食的地方一定是每个人最常逗留的地方！在你参加过的晚宴中，有没有主人舍不得端出佳肴来款待客人的？你有没有发现每个人感觉饿的时候，都会不由自主地去厨房找寻食物？我们随时都在寻找想要的和需要的东西，而你的网站则必须做到紧紧围扰着访客的需要与渴望展开对话。

消费原则

当你的访客受到吸引，并给出他们的电子邮件地址以交换你的迷你课程、特别报导、电子书、文章、录音、优惠券或其他免费提案后，你必须继续协助他们去消化刚获得的宝贵信息或体验。大多数人不会充分利用得到的机会，只有一小部分人会利用网络和电子邮件提供的机会。当有人选择接受你的免费品时，他不见得能够消化它——真正利用它、从中学习并获得好处。你的责任就是通过后续的电子邮件，帮助他们使用这些东西。

听起来很麻烦吗？不，我聪明的朋友，一点儿也不麻烦。你可以用自动电子邮件回复系统，设定一系列电子邮件信息，按照你设定的时间发送给每一个新联络人。你可以每天寄一封、一周寄一封，或连续一年每月寄一封——这都取决于你自己。你的信息将会被传递到你的新朋友处，并且开始传递你提供的服务或者其他有用的信息。

消费原则应该紧跟在吸引原则之后，这就像你大方地宴请客人品尝点心和饮料后，你问她："茶好不好喝？够不够冰？要不要再加点冰块？是不是不渴了？"也许你会建议："你知道……如果你像这样挤柠檬，味道会更好！"同样，你也会问新朋友，他们是否看了你发送的资料，是否需要你帮助他们使用它。如果你

消费原则

做得好，那你的人气就会上升，你与新朋友之间就能建立起更有意义、更持久的关系，从而让他们从新朋友转换成潜在客户，甚至是真正的客户。

怎样建立你的社交媒体平台

就像所有的关系和平台的开发一样，当采用社交媒体或社交网络时，你一定愿意为此付出长期的努力。你不应该和一些专家建议的那样，将你的社交媒体营销工作外包给一个助理或者外面的公司。当然，如果你需要的话，你可以让技术专家帮你设计你的 Facebook 粉丝页面，但如果你真的想要建立起自己的在线社交网络的话，就要亲自去做。社交在这里是一个有效的词汇，而且真的并不难，你只需要付出一些时间而已。你知道，我们需要拿出时间做营销，从而赢得客户。

还记得我们在第 7 章讲到的 80/20 法则——保持联络策略吗？其原理和你运用社交媒体渠道是一样的。至少你分享的 80% 内容应该和他们有关。久而久之，你就可以将你在社交方面所作的努力转化为营销动力，从而带动销售。

你在社交媒体上的投资回报是可以做到定量和定性的。你可以看到更多新客户的业务线索并提升利润，同时通过积极和有价值的互动，服务于你的社区、行业，以提升你的品牌形象。

共同努力

如果你很认真地要将社交媒体加入自我推广计划中，就必须制订一个计划和时间表去投入到这些平台的维护中。高效地使用社交媒体需要持续性和承诺。结果未必能立刻显现，因此你的社交媒体计划可以用 3 ~ 6 个月的时间来启动。

通过制订你每天、每周及每月的计划来使用社交媒体，并把下列任务添加到你的日常工作中。

当你使用社交网络时，遵守80/20法则

80%是好东西：分享有用的内容和链接，并且让粉丝参与其中。

粉丝

产品和服务提案　展示并告知

你

每天：

- 发布你的微博并且至少更新 2 篇到 3 篇。

- 每天花 15 ～ 20 分钟来关注你的社交网络。

- 介入相关的讨论和对话，并积极回复粉丝的问题、朋友的邀请以及和别人在微博上进行互动。

- 浏览你的 Twitter、Facebook 以及 LinkedIn 页面，参与讨论以得到最新的、相关的信息，并分享到你的社交网络上。

每周两次

- 每周写两到三篇新的博客。如果你使用文案写作来推广你的生意，或者写一个电子新闻稿，可以很简单地再次将同样的文章发表到你的博客。博客内容也可以被用作与你的商业相关的内容发布和更新。

- 访问其他行业相关的博客并加入互动聊天。

不间断地更新网站内容

- 添加新照片、你新制作的发布到 YouTube 上的视频链接、录音采访等。

让互联网成为你的朋友

创立网站、导入流量、社交网络，有时这些听起来让人感到筋疲力尽。一个声音在你脑袋里抱怨说："我不得不做吗？"你简直想把耳朵蒙起来。

实际上，你并不需要这样，就像我在本章一开始说的一样。可能你的生意类型不需要网络营销也可以做得很好。但对于我们大多数人来说，网络营销策略是必要的，并且使用社交媒体平台是通向成功的必经之路。只要为你所热爱的事情（你的生意）去社交应该并不是件难事。事实上，和别人进行互动并分享是非常鼓舞人心的。如果你热衷于服务你的目标市场，有什么比为他们提供更好、更快捷、更简单的服务更好的呢。让互联网成为你的朋友，通过它去结交更多的朋友吧，这无疑也能让你赚到更多的钱。

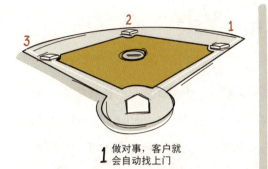

1　做对事，客户就
　　会自动找上门

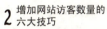

2　增加网站访客数量的
　　六大技巧

吸引法则

3　运用吸引法则和消费法则
　　将访客转化为客户

4　建立社交媒体平台，运用80/20法则与粉丝
　　充分分享内容，并且制订坚持不懈的计划

结语　这是一套威力强大的系统

祝贺你，你走完了顾客盈门系统的全程！该系统是一套刺激的、有挑战性的，有时候令人畏惧但又很鼓舞人心的系统，而且也是威力强大的系统。你付出努力所获得的成果，将远远超过投入这套系统的时间和精力。我希望你现在认可自己所完成的事，因为这不是一桩小事。事实上，这是一个巨大的工程！我们已经打好大部分的地基，你也始终一步步跟随着我从头到尾走完了全程。

你现在知道谁是你的理想客户，以及如何确保永远只与最能鼓舞你、让你充满活力的人合作了。你已经找到了最能激起你服务热情的目标市场，知道他们最急迫的需求和渴望，以及应为他们提供哪些投资机会。到目前为止，你已打造出一个容易记住、对你有意义而且独树一帜的个人品牌，你知道如何向服务对象详加说明，如何发挥热情来服务他们，让他们对你充满兴趣。

你已经开始把自己当成真正的专家，不断充实知识以便为市场提供更好的服务，你也知道赢得顾客喜爱的重要性。你知道如何开发一套完整的销售周期，从而与服务对象建立起长期关系。你学会了制作产品与项目来建立品牌，并纳入你的销售周期，也学会了与潜在客户进行真诚而成功的销售谈话。

你以一种真诚而让人感到舒适的态度建立起你的人际网络，并学会了通过建立自己的网站来创造业绩，通过个人有效的方式伸出触角，挖掘更多的转介绍客源。你会利用演讲和写作来接触到更多的潜在客户，然后与众多的潜在客户保持联络，同时运用各种顾客盈门的核心策略进行自我推广。

你学到的东西都很重要，但更重要的是牢记顾客盈门系统所蕴涵的哲学原理——有许多人本来就是你应该服务的对象，他们正在那里等着接受你的服务。当你找到他们时，记得给他们带去物超所值的价值，并持续不断地给予更多。

我在本书开头就提到，那些无法让顾客盈门的人并非不知道该怎么做，而是知道怎么做而不去做。你现在已经知道怎么做了，所以不再有借口和理由拖延，或躲在你的办公室里。

现在的问题是，你要利用所学到的知识做些什么？本书各章都是通过纸上练习和顾客盈门的行动步骤一步步教你如何获得应接不暇的客户。你是否按部就班地做着每个练习？如果有，太好了，继续努力。如果没有，现在是不是打算开始做？你的成功就靠你坚持不懈的行动了。

为达到这个目的，我们在 MichaelPort.com 网址上提供了让你持续获得本书所展现的支持和建议。如果你需要更多帮助，想要请一位受过精良训练的专属顾客盈门教练，想要在一个能激励你行动、确保你达成顾客盈门目标的环境下工作，请加入我们备受欢迎的学习计划，或参加当地的现场活动。

这也许是本书的结束，但不一定表示我们的工作已经结束。你的事业是一个具有创造性的和不断重复的过程，你的事业将随着顾客盈门销售系统的不断改进而壮大，而我也期待着能继续以最好、最有效的方式为你服务。

我诚挚感谢你花时间学习了顾客盈门销售系统的知识，感谢你在百忙之中读我的书并遵循我的建议，这对我意义重大。能为你服务让我深感荣幸。我希望这些原则、策略、技巧和秘诀，给你的生活以及你服务对象的生活带来真正的帮助。

我希望顾客盈门销售系统能让你在每天早上照镜子时，充满自信，并带着激情去做你喜欢的事情，在顾客盈门的同时，以更好的服务给他人带来更加美好的生活。

迈克尔·波特

译者后记

第一次看到本书的英文版在 Amazon 上评价很高，本来想买原版，没想到其升级版《自媒体时代，我们该如何做营销》也出版了，我便立刻购买了 Kindle 电子版，内容非常实战。我想如果国内众多中小企业主和创业者能够看到的话，是非常有帮助的。于是我立刻找到约翰威力父子出版社在北京的办事处，得知此书的版权被中国人民大学出版社新知事业部拿到了，正准备出中文版，所以我就毛遂自荐成了本书的译者。

十多年前便结缘于图书出版行业，当时我供职于美国最大的教育出版公司麦格劳。很多商学院的教材和经典的商业图书都出版于这家公司，其也在全球代理发行哈佛商学院的出版物，比如读者们熟知的《定位》（*Positioning*）、《蓝海战略》（*Blue Ocean Strategy*）等。当时我们引进了很多优秀的外文图书，遗憾的是，很多不错的题材因为没有足够专业的译者，无法将其精髓淋漓尽致地表现出来，而淹没于市场。所以我一直以来有作为译者去翻译一本优秀商业图书的冲动，这次终于得偿所愿。

关于营销的书，市场上可以说是铺天盖地。毋庸置疑的是，西方先进的营销及管理理念加速推动了中国的商业化进程。作为接触前沿资讯的国内出版社来说，他们自然偏爱国外大牌作者的作品，因为大牌可以保证销量。营销类的书籍往往来像菲力浦·科特勒等顶级商学院的教授。自然，品牌营销、定位等适合于大企业的营销理念长期占据主导地位。遗憾的是，这会形成一种信息过滤，一些内容很好，但作者不够知名的营销书籍，往往没有出版社问津，国内广大读者也就无从知晓，于是造成了普遍错位阅读的现象。

对于中小微企业和创业者，抱着品牌营销去学习，以为这就是营销的全部，恰恰会"走火入魔"。很多国外民间实战高手写的作品，往往是面向广大中小企业主和创业者的。他们没有教授头衔和辉煌的背景，只有从市场一线积累的为企业实际创造财富的经验和策略。处在生存期的中小微企业和创业者，需要的正是这些可以快速产生现金的策略和技术。只有解决好企业自身的造血功能，才有可能上升到品牌营销的阶段。

毫无疑问，本书作者麦克尔·波特在国内并不知名，可能有读者会误以为是哈佛商学院的知名教授迈克尔·波特（Michael Poter）。但是，本书的内容汇集了美国中小企业和创业者普遍采用的营销策略和技术，是一套成体系的严谨的营销方法。本书作者也在美国积极传播这套实战营销学。如果国内读者深入研究并实践，一定会取得骄人的成绩。

本书的内容实战性极强，属于直复营销的流派。国内其实一直没有宣传直复营销的概念，其实电子商务、电视购物、广告都可以纳入直复营销的范畴，包括现在最热门的"微营销"。史玉柱的若干成功案例其实都运用了直复营销的核心理念，只不过可能他自己都没有意识到，也就无法总结成体系让别人学习。没有体系，是无法传承的。这就是国内营销总体水平的现状。

在系统地研究直复营销后（由于信息过滤，国内关于直复营销的书籍很少），有感于其对于中小企业及创业者的巨大帮助，我牵头筹建了中国直复营销研究院，得到了包括北京大学等学术机构，以及各方面营销专家的大力支持。更多信息可登录我的博客锐营销www.xray365.com查看。也可以添加我的微信公众平台xray100。

知易行难，在本书的实际翻译过程中也遇到一些难点。感谢张访女士、姚思昳女士的协助，才有本书的顺利出版。

刘锐

Book Yourself Solid Illustrated: The Fastest, Easiest, and Most Reliable System for Getting More Clients Than You Can Handle Even if You Hate Marketing and Selling by Michael Port and Jocelyn Wallace.

ISBN 978-1-118-49542-1

图书在版编目（CIP）数据

自媒体时代，我们该如何做营销 /（美）波特，（美）华莱士著；刘锐译.
— 北京：中国人民大学出版社，2014.5
ISBN 978-7-300-18932-1

Ⅰ. ①自… Ⅱ. ①波… ②华… ③刘… Ⅲ. ①网络营销 Ⅳ. ①F713.36

中国版本图书馆 CIP 数据核字（2014）第 086913 号

自媒体时代，我们该如何做营销
[美] 迈克尔·波特　　　　　著
　　　乔斯琳·华莱士
刘　锐　译
Zimeiti Shidai，Women Gai Ruhe Zuo Yingxiao

出版发行	中国人民大学出版社		
社　　址	北京中关村大街 31 号	邮政编码	100080
电　　话	010-32511242（总编室）	010-62511770（质管部）	
	010-82501766（邮购部）	010-62514148（门市部）	
	010-62515195（发行公司）	010-62515275（盗版举报）	
网　　址	http://www.cruo.com.cn		
	http://www.ttrnet.com（人大教研网）		
经　　销	新华书店		
印　　刷	北京鑫丰华彩印有限公司		
规　　格	185mm×230mm　16 开本	版　次	2014 年 6 月第 1 版
印　　张	19　插页 1	印　次	2017 年 9 月第 6 次印刷
字　　数	290 000	定　价	75.00 元